Die Fürsorgegesetze

im Reich und in Bayern

Textausgabe mit Sachregister

von

Dr. Walther Heß

Regierungsrat I. Kl. im Bayer. Staatsministerium des Innern

1930

München - Berlin - Leipzig

J. Schweitzer Verlag (Arthur Sellier)

Druck von Dr. F. P. Datterer & Cie., Freising-München

Vorwort.

Es hat sich in der Praxis das dringende Bedürfnis herausgestellt, den Wortlaut der Texte der reichsrechtlichen Bestimmungen über das öffentliche Fürsorgerecht (Reichsverordnung über die Fürsorgepflicht vom 13. Febr. 1924; noch aufrechterhaltener Teil des Unterstützungswohnsitzgesetzes; Reichsfürsorgegrundsätze vom 4. Dez. 1924, amtliche Erläuterungen dazu) in einer handlichen Textausgabe in absolut zuverlässiger Form und unter Beigabe der Abänderungsverordnungen zusammenzustellen. Die Verabschiedung des Bayerischen Ausführungsgesetzes zur Reichsverordnung über die Fürsorgepflicht, des Fürsorgegesetzes in der Landtagsvollsitzung vom 28. Februar 1930 gibt dazu Anlaß, diese Zusammenstellung zu bringen und ihr den beschlossenen Text des Bayerischen Fürsorgegesetzes sowie das bis 1. April 1930 gültige vorläufige bayer. Ausführungsrecht zur RFV. beizugeben.

Die Vollzugsvorschriften zum Fürsorgegesetz werden sofort nach Erscheinen in einer Sonderbeilage nachfolgen.

Der Gebrauch der Textausgabe soll durch das beigefügte Sachregister erleichtert werden. Die in Bearbeitung befindliche Handausgabe „Öffentliches Fürsorgerecht des Reiches und Bayerns" wird in allerkürzester Frist nachfolgen.

München, 28. Februar 1930.

Dr. Heß.

Inhaltsverzeichnis.

I. Reichsrecht.

Abkürzungen.

GVBl. = Gesetz- und Verordnungsblatt für den Freistaat Bayern.
i. d. F. = in der Fassung.
MABl. = Ministerialamtsblatt.
RABl. = Reichsarbeitsblatt.
RFGr. = Reichsgrundsätze über Voraussetzung, Art und Maß der öffentlichen Fürsorge, vom 4. Dezember 1924.
RFV. = Reichsverordnung über die Fürsorgepflicht, vom 13. Februar 1924.
RGBl. = Reichsgesetzblatt.
UWG. = Unterstützungswohnsitzgesetz vom 30. Mai 1908.
V. = Verordnung.

I. Reichsrecht.

1.

Verordnung über die Fürsorgepflicht

Vom 13. Februar 1924[1]).

(RGBl. I S. 100).

Auf Grund des Ermächtigungsgesetzes vom 8. Dezember 1923 (Reichsgesetzbl. I S. 1179) verordnet die Reichsregierung zum Vollzuge der dritten Steuernotverordnung nach Anhörung eines Ausschusses des Reichsrats und eines aus 15 Mitgliedern bestehenden Ausschusses des Reichstags:

A. Träger der Fürsorge

Fürsorgeaufgaben.[2])

§ 1. (1) Die nachstehenden öffentlich-rechtlichen Fürsorgeaufgaben sind, soweit Reichsgesetze nichts anderes bestimmen, von den Landesfürsorgeverbänden und den Bezirksfürsorgeverbänden zu erfüllen:

a) die soziale Fürsorge für Kriegsbeschädigte und Kriegshinterbliebene und die ihnen auf Grund der Versorgungsgesetze Gleichstehenden,

b) die Fürsorge für Rentenempfänger der Invaliden- und Angestelltenversicherung, soweit sie nicht den Versicherungsträgern obliegt,

c) die Fürsorge für die Kleinrentner und die ihnen Gleichstehenden,

---

[1]) abgeändert durch Ges. v. 8. Juni 1926 (GVBl. S. 255), abgedr. S. 43. Außerdem ist durch die 2. V. zur Durchführung des Münzgesetzes, v. 12. Dez. 1924 (RGBl. I S. 775), Anlage 3 Ziff. 7 das Wort „Goldmark" in den §§ 16 und 36 RFV. durch „Reichsmark" ersetzt worden.

Über die Abänderung einzelner durch § 29 RFV. aufrechterhaltener Bestimmungen des UWG. s. Ges. v. 7. Dez. 1928 (RGBl. I S. 401), abgedr. S. 44.

[2]) Die Stichworte und Absatzziffern befinden sich nicht im Verordnungswortlaut.

d) die Fürsorge für Schwerbeschädigte und Schwererwerbsbeschränkte durch Arbeitsbeschaffung,
e) die Fürsorge für hilfsbedürftige Minderjährige,
f) die Wochenfürsorge.

(2) Den Fürsorgeverbänden liegt auch weiterhin die Armenfürsorge ob; das Land kann ihnen weitere Fürsorgeaufgaben übertragen.

Fürsorgeverbände.

§ 2. (1) Das Land bestimmt, wer Landesfürsorgeverband und wer Bezirksfürsorgeverband ist, sowie welche der Aufgaben die Landesfürsorgeverbände und welche davon die Bezirksfürsorgeverbände zu erfüllen haben.

(2) Ein Land kann mehrere Landesfürsorgeverbände oder Zweigverbände bilden; mehrere Länder können sich oder Teile ihres Gebiets zu gemeinsamen Landesfürsorgeverbänden zusammenschließen.

(3) Das Land kann zu Bezirksfürsorgeverbänden Gemeinden oder Gemeindeverbände erklären oder besondere Fürsorgeverbände bilden und ihre Einrichtung bestimmen. Die Bezirksfürsorgeverbände sind so zu bestimmen, daß sie ihren Aufgaben gewachsen sind.

(4) Das Land bestimmt, wie der Aufwand seiner Fürsorgeverbände zu decken ist, insbesondere inwieweit diese andere Fürsorgeverbände, Gemeinden oder Gemeindeverbände an ihren Lasten beteiligen können und inwieweit die Landesfürsorgeverbände die Kosten gemeinsamer Einrichtungen aller oder einzelner Bezirksfürsorgeverbände zu tragen, die Lasten auszugleichen oder Zuschüsse an nicht leistungsfähige Fürsorgeverbände zu leisten haben.

(5) Das Land kann die Ersatz- und Übernahmepflicht seiner Fürsorgeverbände im Verhältnis zueinander abweichend von dieser Verordnung regeln.

Fürsorgebehörden. Verfahren.

§ 3. (1) Welche Behörden oder sonstige Stellen die Aufgaben der Landes- und Bezirksfürsorgeverbände durchzuführen haben, bestimmt das Land; die Fürsorgeaufgaben desselben örtlichen Bereichs sollen tunlichst von der gleichen Stelle durchgeführt werden.

(2) Das Land regelt im Rahmen der reichsrechtlichen Vorschriften Verfahren, Beschwerde und Aufsicht. Es bestimmt, inwieweit die Gemeinden von den Fürsorgeverbänden und die Bezirksfürsorgeverbände von den Landesfürsorgeverbänden zur Durchführung ihrer Aufgaben herangezogen werden können.

(3) Gegen Ablehnung der Fürsorge sowie gegen Festsetzung ihrer Art und Höhe muß Beschwerde zugelassen werden.

(4) Bei der Durchführung der Fürsorge muß wenigstens in einem Rechtszug sowie bei der Aufstellung von Richtlinien und Richtsätzen

---

1) i. d. F. des Ges. v. 8. Juni 1926, abgedr. S. 43.

die Beteiligung von Fürsorgeberechtigten gesichert sein. An Stelle von Fürsorgeberechtigten können auch Vertreter derselben, insbesondere solche ihrer Vereinigungen oder von Vereinen, die Hilfsbedürftige betreuen, herangezogen werden.

(5) Das Land kann Aufgaben, die diese Verordnung den Fürsorgeverbänden überträgt, auch Versicherungsträgern unter deren Verantwortung widerruflich übertragen, sofern sie damit einverstanden sind.

Rechtsfähigkeit.

§ 4. Die Fürsorgeverbände sind Körperschaften des öffentlichen Rechtes. Das Land kann bestimmten Zwecken dienenden Teilen ihres Vermögens gesonderte Rechtsfähigkeit verleihen.

Freie Wohlfahrtspflege.

§ 5. (1) Das Land kann einzelne der Aufgaben, die diese Verordnung den Fürsorgeverbänden überträgt, unter seiner Verantwortung auch Verbänden oder Einrichtungen der freien Wohlfahrtspflege übertragen, sofern sie damit einverstanden sind.

(2) Der Fürsorgeverband kann einzelne seiner Aufgaben unter seiner Verantwortung derartigen Verbänden oder Einrichtungen übertragen, sofern sie damit einverstanden sind. Das Land kann sich die Zustimmung dazu vorbehalten; es kann die Übertragung nach Anhörung des Fürsorgeverbandes und der Vertretung der beteiligten freien Wohlfahrtspflege zurücknehmen, wenn ein wichtiger Grund dazu vorliegt.

(3) Die Fürsorgeverbände sollen eigene Einrichtungen nicht neu schaffen, soweit geeignete Einrichtungen der freien Wohlfahrtspflege ausreichend vorhanden sind.

(4) Die Fürsorgestellen (§ 3) sollen für ihren Bereich Mittelpunkt der öffentlichen Wohlfahrtspflege und zugleich Bindeglied zwischen öffentlicher und freier Wohlfahrtspflege sein; sie sollen darauf hinwirken, daß öffentliche und freie Wohlfahrtspflege sich zweckmäßig ergänzen und in Formen zusammenarbeiten, die der Selbständigkeit beider gerecht werden. Die Reichsregierung kann mit Zustimmung des Reichsrats und eines Ausschusses des Reichstags Grundsätze für diese Zusammenarbeit aufstellen; solange und soweit dies nicht geschieht, können es die Länder.

B. Umfang der Fürsorge

§ 6.[1] (1) Voraussetzung, Art und Maß der zu gewährenden Fürsorge bestimmt im Rahmen der reichsrechtlichen Vorschriften das Land.

(2) Mit Zustimmung des Reichsrats kann die Reichsregierung Grundsätze[2] hierüber aufstellen.

[1] Abs. 3 und 4 eingefügt durch Ges. v. 8. Juni 1926, abgedr. S. 43.
[2] Reichsgrundsätze vom 7. Dez. 1924, abgedr. S. 23 ff.

(3) Die oberste Landesbehörde oder die von ihr bestimmten Stellen setzen den örtlichen Verhältnissen angepaßte Richtsätze für die Bemessung des notwendigen Lebensunterhalts der Hilfsbedürftigen fest. Für Sozial- und Kleinrentner und ihnen Gleichstehende müssen diese Sätze so bemessen sein, daß der Hilfsbedürftige gegenüber der allgemeinen Fürsorge eine angemessene Mehrleistung erhält. Diese Mehrleistung soll, soweit nicht nach § 84 des Aufwertungsgesetzes vom 16. Juli 1925 und § 26 des Gesetzes über die Ablösung öffentlicher Anleihen vom gleichen Tage (Reichsgesetzbl. I S. 117 und 137) eine weitergehende Erhöhung einzutreten hat, in der Regel wenigstens ein Viertel des allgemeinen Richtsatzes betragen.

(4) Die oberste Landesbehörde oder die von ihr bestimmten Stellen setzen ferner den örtlichen Verhältnissen angepaßte Einkommenssätze fest, bei deren Nichterreichung eine Wöchnerin Wochenfürsorge stets dann erhält, wenn nicht Tatsachen die Annahme rechtfertigen, daß die Hilfe nicht benötigt wird.

C. Zuständigkeit

Vorläufige u. endgültige Fürsorgepflicht.

§ 7. (1) Jeder hilfsbedürftige Deutsche muß vorläufig von demjenigen Bezirksfürsorgeverband unterstützt werden, in dessen Bezirk er sich bei Eintritt der Hilfsbedürftigkeit befindet.

(2) Zur Fürsorge endgültig verpflichtet ist derjenige Bezirksfürsorgeverband, in dessen Bezirk der Hilfsbedürftige bei Eintritt der Hilfsbedürftigkeit den gewöhnlichen Aufenthalt hat; ist ein solcher nicht vorhanden oder zu ermitteln, so ist derjenige Landesfürsorgeverband endgültig verpflichtet, dem der vorläufig verpflichtete Bezirksfürsorgeverband angehört.

(3) Der Bezirksfürsorgeverband des Ortes, an dem die Familie Wohnung und Haushalt hat, ist zur Fürsorge für die Mitglieder der Familie endgültig verpflichtet, auch wenn sie bei Eintritt der Hilfsbedürftigkeit ihren Aufenthalt an einem anderen Orte hatten.

(4) Zur Familie im Sinne dieser Vorschrift gehören Ehegatten und Verwandte auf- und absteigender Linie.

Uneheliche Kinder.

§ 8. (1) Wird ein uneheliches Kind innerhalb von sechs Monaten nach der Geburt hilfsbedürftig, so ist derjenige Bezirksfürsorgeverband endgültig verpflichtet, in dessen Bezirk die Mutter im zehnten Monat vor der Geburt zuletzt ihren gewöhnlichen Aufenthalt gehabt hat, oder in Ermangelung eines solchen der Landesfürsorgeverband, in dessen Bezirk sie sich in diesem Monat zuletzt aufgehalten hat. Ist ein solcher Bezirks- oder Landesfürsorgeverband nicht vorhanden oder nicht zu ermitteln, so ist der Landesfürsorgeverband zuständig, dem der vorläufig verpflichtete Bezirksfürsorgeverband angehört.

(2) Das gleiche gilt für die uneheliche Mutter hinsichtlich der innerhalb von sechs Monaten nach der Geburt des Kindes notwendig werdenden Fürsorgemaßnahmen, auch wenn die Hilfsbedürftigkeit vor der Geburt eingetreten ist, es sei denn, daß die Hilfsbedürftigkeit offensichtlich außer Zusammenhang mit der Geburt steht.

Anstaltsinsassen. Kinder in Pflege.

§ 9. (1) Durch den Eintritt oder die Einlieferung in eine Kranken-, Entbindungs-, Heil-, Pflege- oder sonstige Fürsorgeanstalt, in eine Erziehungsanstalt oder eine Straf-, Arbeits- oder sonstige Zwangsanstalt wird an dem Anstaltsort ein gewöhnlicher Aufenthalt nicht begründet.

(2) Tritt die Hilfsbedürftigkeit während des Aufenthalts in einer derartigen Anstalt oder bei der Entlassung daraus ein, so ist der Fürsorgeverband endgültig verpflichtet, der es bei dem Eintritt oder der Einlieferung in die Anstalt gewesen wäre.

(3) Entsprechendes gilt für die Unterbringung von Kindern in Pflege.

Geschäftsunfähigkeit.

§ 10. Der Einwand, daß ein Aufenthalt wegen Mangels der Geschäftsfähigkeit oder der Willenserklärung nicht habe begründet oder aufgehoben werden können, ist unzulässig.

Dienst- u. Arbeitsort.

§ 11. (1) Erkrankt eine Person, die an einem Orte mindestens eine Woche hindurch gegen Lohn oder Gehalt in einem und demselben Dienst- oder Arbeitsverhältnis gestanden hat, während der Fortdauer dieses Dienst- oder Arbeitsverhältnisses oder innerhalb einer Woche nach seiner Beendigung, so hat der Bezirksfürsorgeverband des Dienst- oder Arbeitsorts die Kosten der erforderlichen Kur und Verpflegung für die ersten 26 Wochen nach dem Beginne der Krankenpflege endgültig zu tragen oder, wenn die Krankenpflege von einem anderen Fürsorgeverbande gewährt worden ist, diesem zu erstatten.

(2) Die Verpflichtung des Bezirksfürsorgeverbandes des Dienst- oder Arbeitsorts erstreckt sich auf die Fälle der Erkrankung der Ehefrau und der noch nicht 16 Jahre alten Kinder des Dienstverpflichteten oder Arbeiters, die sich bei ihm befinden, sofern nicht ein anderer Bezirksfürsorgeverband deshalb verpflichtet ist, weil die Ehefrau oder die Kinder selbst im Dienst- oder Arbeitsverhältnisse gestanden haben.

(3) Wird im Falle der Erkrankung einer der vorbezeichneten Personen Kur und Verpflegung auf Kosten einer Krankenkasse gewährt und muß bei Beendigung der Leistungen der Krankenkasse die Fürsorge eintreten, so sind die Kosten der letzteren von dem Bezirksfürsorgeverbande des Dienst- oder Arbeitsorts in derselben Weise zu tragen oder zu erstatten, wie wenn die Fürsorge schon in dem Zeitpunkt eingetreten wäre, in welchem die Leistungen der Krankenkasse begonnen haben.

(4) Entsprechendes gilt für Lehrlinge.

(5) Schwangerschaft an sich ist nicht als eine Krankheit im Sinne der vorstehenden Bestimmung anzusehen.

Auslandsdeutsche.

§ 12. (1) Sind Deutsche, staatlose ehemalige Deutsche oder staatlose Personen deutscher Abkunft beim freiwilligen oder erzwungenen Übertritt aus dem Ausland hilfsbedürftig oder werden sie es binnen eines Monats nachher, so ist endgültig verpflichtet der Bezirksfürsorgeverband, in dem der Hilfsbedürftige innerhalb des letzten Jahres vor dem Austritt aus dem Reichsgebiete zuletzt seinen gewöhnlichen Aufenthalt gehabt hat.

(2) Ist ein solcher nicht zu ermitteln oder hat die Abwesenheit aus dem Reichsgebiete länger als ein Jahr gedauert, so ist zur Fürsorge für Deutsche oder staatlose ehemalige Deutsche das Land endgültig verpflichtet, dessen Staatsangehörigkeit der Hilfsbedürftige besitzt oder zuletzt besessen hat, im übrigen das Land, das die Reichsregierung oder die von ihr bestimmte Stelle für endgültig verpflichtet erklärt.

(3) Die Verpflichtung zur Fürsorge für staatlose ehemalige Deutsche erstreckt sich auf Ehefrauen und minderjährige Kinder, auch wenn diese die Reichsangehörigkeit nicht besessen haben, diejenige für staatlose Personen deutscher Abkunft auch auf Ehefrauen nichtdeutscher Abkunft.

(4) Das Land bestimmt, welcher seiner Fürsorgeverbände die ihm obliegende Fürsorgepflicht endgültig zu erfüllen hat. Soweit die Reichsregierung oder die von ihr bestimmte Stelle ein Land für endgültig verpflichtet erklärt, erstattet das Reich diesem Lande die Kosten der Fürsorge.

(5) Bis zur Übernahme der Fürsorge durch den endgültig verpflichteten Fürsorgeverband hat der Bezirksfürsorgeverband die Fürsorge zu leisten, in dessen Bezirk der Hilfsbedürftige sich befindet. Dieser Bezirksfürsorgeverband kann, wenn das Land nichts anderes bestimmt, von dem Landesfürsorgeverbande, dem er angehört, die vorschußweise Zahlung der aufzuwendenden Kosten verlangen.

Ausländer.

§ 13. Ein Ausländer muß vorläufig von dem Bezirksfürsorgeverband unterstützt werden, in dessen Bezirk er sich bei Eintritt der Hilfsbedürftigkeit befindet. Das Land, dem der Bezirksfürsorgeverband angehört, hat ihm die Kosten zu ersetzen, es sei denn, daß ein Landesgesetz etwas anderes bestimmt.

Kostenersatz. Übernahme.

§ 14. (1) Der vorläufig Fürsorge gewährende Fürsorgeverband kann von dem endgültig verpflichteten Fürsorgeverband Ersatz der Kosten und Übernahme des Hilfsbedürftigen in eigene Fürsorge verlangen. Der zur Übernahme verpflichtete Fürsorgeverband trägt die Kosten der Überführung. Er kann die Übergabe verlangen.

(2) Der Bezirksfürsorgeverband des Ortes, an dem die Familie Wohnung und Haushalt hat, ist nur zur Übernahme des hilfsbedürftigen Familienmitglieds verpflichtet.

(3) Leben die Ehefrau oder Kinder bis zu 16 Jahren mit dem Hilfsbedürftigen an einem Orte zusammen, so kann nur die gleichzeitige Übergabe oder Übernahme auch dieser Personen verlangt werden.

(4) Übergabe oder Übernahme kann nicht verlangt werden:

a) bei nur vorübergehender Hilfsbedürftigkeit,

b) wenn eine Trennung der hilfsbedürftigen Ehefrau von dem Ehemann oder des hilfsbedürftigen Kindes von den Eltern oder einem Elternteil eintreten würde,

c) wenn sie eine offensichtliche Härte bedeuten oder zur Gefährdung eines Familienangehörigen führen würde.

Fortdauer der Hilfsbedürftigkeit.

§ 15. Die Pflicht zur endgültigen Fürsorge dauert, soweit nichts anderes bestimmt ist, bis zur Beendigung der Hilfsbedürftigkeit.

D. Kostenersatz

Höhe des Kostenersatzes.

§ 16. (1) Die Höhe der zu ersetzenden Kosten richtet sich nach den Grundsätzen, die am Unterstützungsorte für die Unterstützung Hilfsbedürftiger gleicher Art gelten. Allgemeine Verwaltungskosten des Fürsorgeverbandes dürfen nicht angerechnet werden.

(2) Für den Kostenersatz können Tarife aufgestellt werden, und zwar für den Kostenersatz zwischen den Fürsorgeverbänden desselben Landes durch die Landesregierung, sonst durch die Reichsregierung mit Zustimmung des Reichsrats.

(3) Ersatz kann nicht verlangt werden, wenn die für den einzelnen Hilfsbedürftigen aufgewendeten Kosten weniger als zehn Reichsmark[1]) betragen.

Abschiebung.

§ 17. (1) Ist die Unterstützungspflicht eines Fürsorgeverbandes durch eine pflichtwidrige oder gegen Treu und Glauben verstoßende Handlung entstanden, die ein anderer Fürsorgeverband zu vertreten hat (Abschiebung), so kann der dadurch belastete Fürsorgeverband von dem anderen außer der Übernahme Ersatz der Fürsorgekosten und Vergütung für seinen Verwaltungsmehraufwand verlangen; er kann dabei, auch wenn für den Ersatz Tarife bestehen, die tatsächlichen Aufwendungen und als Vergütung für Mehrarbeit ohne weiteren Nachweis 25 vom Hundert des Tarifsatzes oder der tatsächlichen Aufwendungen ansetzen.

---

[1]) Statt der ursprünglichen Fassung „Goldmark“ nunmehr „Reichsmark“, V. v. 12. Dez. 1924, s. S. 5 Fußnote 1.

(2) Das gleiche gilt, wenn ein Fürsorgeverband die verlangte Übernahme eines Hilfsbedürftigen (§ 14) schuldhaft verzögert oder unterläßt, von dem Zeitpunkt ab, in dem er die Übernahme hätte vollziehen können.

(3) Verzögert oder unterläßt ein Fürsorgeverband schuldhaft die verlangte Übergabe des Hilfsbedürftigen, so verwirkt er den Ersatzanspruch von dem Zeitpunkt ab, in dem er die Übergabe hätte vollziehen können.

(4) Geht in einem zwischen den Fürsorgeverbänden anhängigen Streitverfahren hervor, daß der eine Fürsorgeverband den Ersatz völlig unberechtigt abgelehnt oder gefordert hat, so kann der andere Vergütung für seinen Verwaltungsmehraufwand verlangen, und zwar ohne weiteren Nachweis in Höhe von 25 vom Hundert des streitigen Betrags.

Ersatzanspruch. Anmeldung.

§ 18. (1) Der Fürsorgeverband, der von einem anderen Kostenersatz[1]) verlangen will, hat ihm dies spätestens binnen drei Monaten nach begonnener Unterstützung anzumelden.

(2) Er kann dabei eine Frist mit der Wirkung setzen, daß die Erstattungspflicht als abgelehnt gilt, wenn sie nicht bis zu ihrem Ablauf anerkannt wird. Die Frist muß wenigstens vierzehn Tage betragen.

(3) Kann er den ersatzpflichtigen Fürsorgeverband nicht ermitteln, so meldet er den Ersatzanspruch bei seiner Aufsichtsbehörde an.

(4) Unterläßt er die Anmeldung innerhalb der Frist, so sind nur die Kosten ersatzfähig, die drei Monate vor der Anmeldung entstanden sind oder nachher entstehen.

E. Arbeitspflicht und Unterhaltspflicht

Arbeitsfürsorge.

§ 19. Die Unterstützung Arbeitsfähiger kann in geeigneten Fällen durch Anweisung angemessener Arbeit gemeinnütziger Art gewährt oder von der Leistung solcher Arbeit abhängig gemacht werden, es sei denn, daß dies eine offensichtliche Härte bedeuten würde oder ein Gesetz dem entgegensteht.

Arbeitszwang.

§ 20. (1) Wer obwohl arbeitsfähig infolge seines sittlichen Verschuldens der öffentlichen Fürsorge selbst anheimfällt oder einen Unterhaltsberechtigten anheimfallen läßt, kann von der Verwaltungsbehörde auf Antrag des vorläufig oder endgültig verpflichteten Fürsorgeverbandes oder desjenigen, der dem Fürsorgeverbande die Kosten der Unterstützung zu ersetzen hat, in einer vom Lande als geeignet anerkannten Anstalt oder sonstigen Arbeitseinrichtung zur Arbeit untergebracht werden, wenn er Arbeit beharrlich ablehnt oder sich der Unterhaltspflicht beharrlich entzieht.

---

[1]) Die Fassung im RGBl. I 1924 S. 103 „Kostenersatze" ist natürlich ein Versehen.

(2) Als unterhaltsberechtigt im Sinne dieser Vorschrift gilt auch ein uneheliches Kind demjenigen gegenüber, der in öffentlicher Urkunde sich zur Unterhaltszahlung verpflichtet hat oder rechtskräftig dazu verurteilt ist.

(3) Die Unterbringung ist unzulässig, wenn sie eine außergewöhnliche Härte bedeuten würde; sie darf nicht in einer Strafanstalt erfolgen.

(4) Die Länder können Vorschriften über weitere Voraussetzungen und Dauer der Unterbringung, über die Zuständigkeit und das Verfahren erlassen.

Unterhaltspflicht.

§ 21. (1) Die Verpflichtungen Dritter, einen Hilfsbedürftigen zu unterstützen, werden durch diese Verordnung nicht berührt.

(2) Der Fürsorgeverband, der auf Grund dieser Verordnung einen Hilfsbedürftigen unterstützt hat, kann zum Ersatze Rechtsansprüche, die der Hilfsbedürftige einem Dritten gegenüber hat, in dem Maße und unter denselben Voraussetzungen geltend machen, wie der Hilfsbedürftige selbst. Das gilt auch dann, wenn er einen Ersatzanspruch gegenüber einem anderen Fürsorgeverbande hat.

Ersatzpflicht der Kinder.

§ 22. (1) Der Fürsorgeverband kann in den Grenzen des notdürftigen Unterhalts Ersatz seiner Aufwendungen von den Kindern des Hilfsbedürftigen auch dann verlangen, wenn sie nach den Vorschriften des Bürgerlichen Rechtes (§ 1603 BGB.) lediglich deshalb nicht unterhaltungspflichtig sind, weil sie sonst ihren standesmäßigen Unterhalt gefährden würden.

(2) Dies gilt nicht, wenn der in Anspruch Genommene aus dem gleichem Grunde nicht verpflichtet ist, seiner Ehefrau oder seinen Kindern den standesmäßigen Unterhalt zu gewähren, oder wenn durch die Ersatzleistungen sein Fortkommen oder das seiner Ehefrau oder Kinder unbillig erschwert würde.

Verwaltungsverfahren.

§ 23. (1) Der Unterhalts- oder Ersatzpflichtige kann auf Antrag des vorläufig oder endgültig verpflichteten Fürsorgeverbandes im Verwaltungswege zum Kostenersatz oder zur Erfüllung seiner Unterhaltspflicht angehalten werden.

(2) Bestreitet er die Unterhaltspflicht, so kann die Verwaltungsbehörde vorbehaltlich des ordentlichen Rechtswegs die Unterhaltspflicht feststellen.

(3) Zuständigkeit und Verfahren bestimmt das Land. Die Entscheidung ist vorläufig vollstreckbar.

(4) Zur Durchführung des Verwaltungsverfahrens haben sich Verwaltungsbehörden und Gerichte Rechtshilfe zu leisten.

(5) Verneint ein im ordentlichen Rechtsweg ergehendes Urteil rechtskräftig die von der Verwaltungsbehörde festgestellte Unterhaltspflicht,

so hat der Fürsorgeverband dem in Anspruch Genommenen seine Leistungen oder Mehrleistungen zu ersetzen.

Anstalten.

§ 24. Eine Anstalt (§ 9) kann zur Deckung ihrer Verpflegungskosten für ihre Insassen Anträge auf Fürsorgeleistungen stellen und die Leistungen in Empfang nehmen. Der Fürsorgeverband kann Auszahlungen von der Vorlage einer Vollmacht abhängig machen und den Betrag bestimmen, der dem Hilfsbedürftigen unmittelbar zugewendet werden muß.

Ersatzpflicht Hilfsbedürftiger.

§ 25. (1) Das Land bestimmt im Rahmen der reichsrechtlichen Vorschriften, inwieweit ein Hilfsbedürftiger, der zu hinreichendem Vermögen oder Einkommen gelangt, die aufgewendeten Kosten dem Fürsorgeverbande zu ersetzen hat.

(2) Der Ersatzanspruch kann auch gegenüber dem Erben des Hilfsbedürftigen geltend gemacht werden; er gilt als Nachlaßverbindlichkeit (§ 1967 BGB.).

Verjährung.

§ 26. Ersatzansprüche, die ein Fürsorgeverband auf Grund dieser Verordnung erheben kann, verjähren in zwei Jahren vom Ablauf des Jahres ab, in dem der Anspruch entstanden ist.

F. Schluß- und Übergangsvorschriften

Rechtshilfe. Auskunft.

§ 27. (1) Die Verwaltungsbehörden sind verpflichtet, den im Vollzuge dieser Verordnung an sie ergehenden Ersuchen der Fürsorgestellen (§ 3) zu entsprechen. Diese Rechtshilfe haben auch die Fürsorgestellen einander sowie die Organe der Versicherungsträger zu leisten. Die Finanzbehörden haben den Fürsorgestellen Auskunft zu geben über die ihnen bekannten Einkommens- und Vermögensverhältnisse des Hilfsbedürftigen und des Unterhalts- oder Ersatzpflichtigen, die Arbeitgeber über Art und Dauer der Beschäftigung und über den Arbeitsverdienst.

(2) Die Unterhalts- oder Ersatzpflichtigen haben den Fürsorgestellen bei Anfragen Auskunft über alle für die Fürsorge erheblichen Tatsachen zu geben.

Gebührenfreiheit.

§ 28. Verhandlungen und Urkunden, insbesondere Vollmachten und amtliche Bescheinigungen, die bei Beantragung, Feststellung, Auszahlung oder Ersatz einer nach dieser Verordnung zu leistenden öffentlichen Unterstützung nötig werden, sind stempel- und gebührenfrei.

Unterstützungswohnsitzgesetz. Verfahren.

§ 29. Das Reichsgesetz über den Unterstützungswohnsitz in der Fassung vom 30. Mai 1908 (Reichsgesetzbl. S. 381) wird aufgehoben. Bis zur Neuregelung des Rechtsverfahrens werden jedoch Streitigkeiten zwischen Fürsorgeverbänden nach den Bestimmungen der §§ 37 bis 57, 58 Abs. 2 dieses Gesetzes [1]) entschieden.

Armenrechtliche Wegweisung.

§ 30. § 5 des Gesetzes über die Freizügigkeit vom 1. November 1867 (Bundesgesetzbl. S. 55) wird durch folgende Vorschrift ersetzt:

(1) Einem Hilfsbedürftigen, dem Armenfürsorge gewährt wird, kann die Fortsetzung des Aufenthalts in einer Gemeinde versagt werden, wenn diese nicht im Bezirke des endgültig verpflichteten Fürsorgeverbandes liegt und die Übernahme durch den endgültig verpflichteten Fürsorgeverband verlangt werden kann (§ 14 der Verordnung über die Fürsorgepflicht vom 13. Februar 1924, Reichsgesetzbl. I S. 100 [2])). Die Versagung muß sich zugleich gegen die Personen richten, deren gleichzeitige Übergabe oder Übernahme nach der angeführten Verordnung verlangt werden muß.

(2) Dies gilt nicht für uneheliche, vollverwaiste oder getrennt von beiden Elternteilen untergebrachte eheliche Minderjährige.

Landesrecht.

§ 31. Soweit nach Landesrecht eine gesetzliche Regelung erforderlich ist, werden bis dahin die in dieser Verordnung den Ländern vorbehaltenen Bestimmungen von den Landesregierungen erlassen; diese können bis dahin auch mit Gesetzeskraft feststellen, welche von dieser Verordnung berührten landesrechtlichen Vorschriften noch gelten oder als aufgehoben anzusehen sind.

Aufhebung v. Reichsgesetzen. Übergangsregelung.

§ 32. [3]) (1) Aufgehoben werden:

a) das Reichsgesetz über Notstandsmaßnahmen zur Unterstützung von Rentenempfängern der Invaliden- und Angestelltenversicherung vom 7. Dezember 1921 (Reichsgesetzbl. S. 1533) nebst seinen Ergänzungsgesetzen und -verordnungen,

b) das Gesetz über Kleinrentnerfürsorge vom 4. Februar 1923 (Reichsgesetzbl. I S. 104),

c) das Gesetz über die Kosten der Kriegsbeschädigten- und Kriegshinterbliebenenfürsorge vom 8. Mai 1920 (Reichsgesetzbl. S. 1066)

---

[1]) i. d. F. des Ges. vom 7. Dez. 1928 (RGBl. I S. 401), abgedr. S. 18 u. S. 44.

[2]) im RGBl. I 1924 S. 105 heißt es versehentlich „S. 103".

[3]) i. d. F. des Ges. v. 8. Juni 1926, abgedr. S. 43; dadurch wurde der frühere Abs. 3 aufgehoben, welcher lautete: Die Heranziehung von Personen aus dem Kreise der Fürsorgeberechtigten bei Festsetzung von Art und Höhe der Fürsorgeleistungen ist im bisherigen Umfang sicherzustellen.

sowie alle sonstigen Vorschriften, nach denen das Reich Kosten der sozialen Fürsorge im Sinne des Reichsversorgungsgesetzes zu tragen hat,

d) das Gesetz über die Wochenfürsorge vom 9. Juni 1922 (Reichsgesetzbl. I S. 502) und die Verordnung über Wochenfürsorge vom 18. August 1923 (Reichsgesetzbl. I S. 816).

(2) Bis zum Erlasse neuer Vorschriften gelten die bisherigen Bestimmungen über die Fürsorge für Rentenempfänger der Invaliden- und Angestelltenversicherung, Kleinrentner, Kriegsbeschädigte und Kriegshinterbliebene sowie diejenigen über Wochenfürsorge, soweit sie Voraussetzung, Art und Maß der Fürsorge betreffen, als Vorschriften im Sinne des § 6.

(3) Im § 14 Abs. 2 der Verordnung über die Auflösung der Flüchtlingslager vom 17. Dezember 1923 (Reichsgesetzbl. I S. 1202) werden die Worte „nach Maßgabe des Gesetzes über den Unterstützungswohnsitz" durch „nach Maßgabe der Verordnung über die Fürsorgepflicht vom 13. Februar 1924 (Reichsgesetzbl. I S. 100)" und das Wort „Armenverbände" durch „Fürsorgeverbände" ersetzt.

Schwerbeschädigtengesetz.

§ 33. Das Gesetz über die Beschäftigung Schwerbeschädigter in der Fassung vom 12. Februar 1923 (Reichsgesetzbl. I S. 57) wird durch folgende Vorschrift ergänzt:

„§ 27. Die Landeszentralbehörden können die in diesem Gesetze den Hauptfürsorgestellen und Fürsorgestellen übertragenen Aufgaben auch anderen Behörden übertragen unter der Voraussetzung, daß eine den Vorschriften dieses Gesetzes entsprechende Mitwirkung der Beteiligten gesichert ist."

Soziale Kriegsbesch.- u. Kriegshinterbl. Fürsorge.

§ 34. In der Verordnung über die soziale Kriegsbeschädigten- und Kriegshinterbliebenenfürsorge vom 8. Februar 1919 (Reichsgesetzbl. S. 187) wird § 1 Satz 1 durch folgende Vorschrift ersetzt:

„Die soziale Fürsorge für Kriegsbeschädigte und Kriegshinterbliebene wird von den Landes- und Bezirksfürsorgeverbänden nach Maßgabe der Grundsätze erfüllt, die die Reichsregierung mit Zustimmung des Reichsrats aufstellt."

§ 2 wird durch folgende Vorschrift ersetzt:

(1) „Der beim Reichsarbeitsministerium errichtete Reichsausschuß der Kriegsbeschädigten- und Kriegshinterbliebenenfürsorge ist Körperschaft des öffentlichen Rechtes. Er setzt sich zusammen aus acht Vertretern der Hauptfürsorgestellen der Kriegsbeschädigten- und Kriegshinterbliebenenfürsorge, acht Vertretern solcher Vereinigungen der Kriegsbeschädigten und Kriegshinterbliebenen, die ihre Wirksamkeit auf das Reich erstrecken und eine entsprechende Mitglieder-

zahl haben, ferner aus drei Vertretern aus den Kreisen sozial erfahrener Personen.

(2) Welche Hauptfürsorgestellen und Vereinigungen von Kriegsbeschädigten und Kriegshinterbliebenen Vertreter in den Reichsausschuß entsenden, bestimmt der Reichsarbeitsminister nach Anhörung der Beteiligten; er beruft auch die sozial erfahrenen Personen.

(3) Die Satzung des Reichsausschusses und ihre Änderung bedürfen der Genehmigung des Reichsarbeitsministers.

(4) Die Reichsregierung kann mit Zustimmung des Reichsausschusses seine Aufgaben auch anderen Körperschaften übertragen, in denen die Kriegsbeschädigten und Kriegshinterbliebenen vertreten sind."

Im § 4 werden die Vorschriften unter Nr. 1 und 3 gestrichen. § 10 erhält folgenden Zusatz:

„Sie können die Aufgaben der Hauptfürsorgestellen und Fürsorgestellen auch anderen Behörden übertragen unter der Voraussetzung, daß ihnen Beiräte nach Maßgabe der §§ 6 und 7 zur Seite gestellt werden oder die Mitwirkung von Vertretern der Kriegsbeschädigten und Kriegshinterbliebenen in anderer Weise hinreichend gesichert ist. Sie können ferner das Beschwerdeverfahren abweichend von den Vorschriften der §§ 7 und 9 regeln, sofern die Mitwirkung von Vertretern der Kriegsbeschädigten und Kriegshinterbliebenen wenigstens in einem Rechtszug gesichert ist."

§ 11 wird aufgehoben.

Reichsversorgungsgesetz usw.

§ 35. Aufgehoben werden ferner:

a) § 22 Abs. 2 des Reichsversorgungsgesetzes vom 12. Mai 1920 in der Fassung vom 30. Juni 1923 (Reichsgesetzbl. I S. 523)[1],

b) § 5 des Altrentnergesetzes vom 18. Juli 1921 in der Fassung vom 30. Juni 1923 (Reichsgesetzbl. I S. 542)[2],

c) die Bekanntmachung, betreffend Einwirkungen der Flüchtlingsfürsorge auf das Armenrecht, vom 16. Mai 1918 (Reichsgesetzbl. S. 409).

Ersatzansprüche in der Übergangszeit.

§ 36. (1) Ersatzansprüche von Armen-, Fürsorge- oder anderen öffentlich-rechtlichen Verbänden auf Grund der bisherigen Bestimmungen können nach Inkrafttreten dieser Verordnung derartigen Verbänden gegenüber nicht mehr geltend gemacht werden, wenn ihr Betrag weniger als zehn Reichsmark[3]) beträgt; Kosten, die ersetzt sind, können nicht mehr zurückgefordert werden.

(2) Ein Verband, der bisher nur vorläufig verpflichtet ist, kann nach

---

1) Reichsversorgungsgesetz v. 12. Mai 1920, nunmehr i. d. F. v. 22. Dez. 1927 (RGBl. I S. 515).

2) nunmehr i. d. F. v. 22. Dez. 1927, RGBl. I S. 515 und 531.

3) Statt der ursprünglichen Fassung „Goldmark" nunmehr „Reichsmark", V. v. 12. Dez. 1924, s. S. 5 Fußnote 1.

dem Inkrafttreten dieser Verordnung von einem anderen Ersatz nicht mehr verlangen, wenn er nach den Bestimmungen dieser Verordnung endgültig verpflichtet wäre.

(3) Ein Verband, dessen endgültige Verpflichtung zur Fürsorge vor Inkrafttreten dieser Verordnung durch Anerkennung oder durch rechtskräftige Entscheidung festgestellt ist, bleibt bis zur Beendigung der Hilfsbedürftigkeit endgültig verpflichtet. Geht er in einem anderen Verband auf, so tritt dieser, sofern das Land den Übergang nicht anders regelt, an seine Stelle.

Mitwirkung des Reichstags.

§ 37. Die in dieser Verordnung vorgesehene Zustimmung eines Ausschusses des Reichstags ist nicht erforderlich, wenn der Reichstag vertagt oder aufgelöst ist. Die erlassenen Vorschriften sind dem Reichstag nach seinem Zusammentritte von der Reichsregierung mitzuteilen und auf sein Verlangen außer Kraft zu setzen.

Auslegungsgrundsätze mit Gesetzeskraft.

§ 38. Die Reichsregierung kann mit Zustimmung des Reichsrats Grundsätze für die Auslegung dieser Verordnung aufstellen und bestimmen, daß und inwieweit der gewöhnliche Aufenthalt an einem Orte erst nach Ablauf einer Frist als begründet gilt, und daß mit seiner Verlegung sich die endgültige Fürsorgepflicht trotz Fortdauer der Hilfsbedürftigkeit allgemein oder für bestimmte Gruppen von Hilfsbedürftigen ändert.

Inkrafttreten.

§ 39. Diese Verordnung tritt am 1. April 1924 in Kraft. Die Reichsregierung kann mit Zustimmung des Reichsrats den Zeitpunkt des Inkrafttretens hinausschieben; sie muß es auf Antrag des Reichsrats, wenn nicht bis 1. April 1924 die Neuregelung des Finanzausgleichs in Kraft tritt.

2.

Gesetz über den Unterstützungswohnsitz.

Vom 30. Mai 1908 [1]).

(RGBl. S. 381).

(Auszug [2]).

§ 37. (1) [3]) Streitigkeiten zwischen verschiedenen Armenverbänden über die öffentliche Unterstützung Hilfsbedürftiger werden, wenn die

---

1) abgeändert durch Gesetz v. 7. Dez. 1928 (RGBl. I S. 401), abgedr. S. 44.

2) Es sind nur die gemäß § 29 Satz 2 RFV. aufrechterhaltenen Bestimmungen über das Streitverfahren abgedruckt.

3) Die Absatzziffern befinden sich nicht im RGBl.

streitenden Teile einem und demselben Bundesstaat angehören, auf dem durch die Landesgesetze vorgeschriebenen Wege entschieden.

(2) Gehören die streitenden Armenverbände verschiedenen Bundesstaaten an, so finden die nachfolgenden Vorschriften der §§ 38 bis 51 dieses Gesetzes Anwendung.

§ 38. (1) Lehnt ein Armenverband den gegen ihn erhobenen Anspruch auf Erstattung der Kosten oder auf Übernahme eines Hilfsbedürftigen ab, so wird auf Antrag desjenigen Armenverbandes, welcher die öffentliche Unterstützung vorläufig zu gewähren genötigt ist, über den erhobenen Anspruch im Verwaltungswege durch diejenige Spruchbehörde entschieden, welche dem in Anspruch genommenen Armenverbande vorgesetzt ist.

(2) Die Zuständigkeit, den Instanzenzug sowie das Verfahren regelt innerhalb jedes Bundesstaats, vorbehaltlich der Vorschriften dieses Gesetzes, die Landesgesetzgebung.

§ 39. Die zur Entscheidung zuständigen Landesbehörden sind befugt, Untersuchungen an Ort und Stelle zu veranlassen, Zeugen und Sachverständige zu laden und eidlich zu vernehmen, überhaupt den angetretenen Beweis in vollem Umfange zu erheben.

§ 40. Die Entscheidung erfolgt durch schriftlichen, mit Gründen versehenen Beschluß; sofern dabei für den in Anspruch genommenen Armenverband eine Verpflichtung zur Übernahme eines Hilfsbedürftigen (§ 31) begründet ist, muß dies in dem Beschluß ausdrücklich ausgesprochen werden.

§ 41. Soweit die Organisation oder örtliche Abgrenzung der einzelnen Armenverbände Gegenstand des Streites ist, bewendet es endgültig bei der Entscheidung der höchsten landesgesetzlichen Instanz. Im übrigen findet gegen deren Entscheidung nur die Berufung an das Bundesamt für das Heimatwesen statt.

§ 42. (1) Das Bundesamt für das Heimatwesen ist eine ständige und kollegiale Behörde, welche ihren Sitz in Berlin hat.

(2) Es besteht aus einem Vorsitzenden und mindestens vier Mitgliedern. Der Vorsitzende sowie die letzteren werden auf Vorschlag des Bundesrats vom Bundespräsidium auf Lebenszeit ernannt. Der Vorsitzende sowohl, als auch mindestens die Hälfte der Mitglieder muß die Qualifikation zum höheren Richteramt im Staate ihrer Angehörigkeit besitzen.

§ 43. Bezüglich der Rechtsverhältnisse der Mitglieder des Bundesamts gelten bis zum Erlasse besonderer bundesgesetzlicher Vorschriften die Bestimmungen der §§ 23 bis 26 des Gesetzes, betreffend die Errichtung eines obersten Gerichtshofs für Handelssachen, vom 12. Juni 1869 mit der Maßgabe, daß

1. an Stelle des Plenums des Oberhandelsgerichts das Plenum des Bundesamts tritt, und daß im Falle des § 25 a. a. O. die Verrich-

tungen des Staatsanwalts und des Untersuchungsrichters von je einem Mitgliede des Königlich Preußischen Kammergerichts zu Berlin, welches der Bundeskanzler ernennt, wahrgenommen werden,

2. bezüglich der Höhe der Pensionen die Vorschriften in Anwendung kommen, welche darüber in demjenigen Bundesstaate gelten, aus dessen Dienste das Mitglied des Bundesamts berufen ist.

§ 44. (1) Zur Abfassung einer gültigen Entscheidung des Bundesamts gehört die Anwesenheit von mindestens drei Mitgliedern, von denen mindestens eines die im § 42 vorgeschriebene richterliche Qualifikation haben muß.

(2) Die Zahl der Mitglieder, welche bei der Fassung eines Beschlusses eine entscheidende Stimme führen, muß in allen Fällen eine ungerade sein. Ist die Zahl der bei der Erledigung einer Sache mitwirkenden Mitglieder eine gerade, so führt dasjenige Mitglied, welches zuletzt ernannt ist, und bei gleichem Dienstalter dasjenige, welches der Geburt nach das jüngere ist, nur eine beratende Stimme.

§ 45. (1) Der Geschäftsgang bei dem Bundesamte wird durch ein Regulativ geordnet, welches das Bundesamt zu entwerfen und dem Bundesrate zur Bestätigung einzureichen hat.

(2) In dem Geschäftsregulative sind insbesondere auch die Befugnisse des Vorsitzenden festzustellen.

§ 46. (1) Die Berufung an das Bundesamt ist bei Verlust des Rechtsmittels binnen vierzehn Tagen, von der Behändigung der angefochtenen Entscheidung an gerechnet, bei derjenigen Behörde, gegen deren Entscheidung sie gerichtet ist, schriftlich anzumelden.

(2) Die Angabe der Beschwerden sowie die Rechtfertigung der Berufung kann entweder zugleich mit der Anmeldung der letzteren oder innerhalb vier Wochen nach diesem Termine derselben Behörde eingereicht werden.

(3) Von sämtlichen Schriftsätzen sowie von den etwaigen Anlagen derselben sind Duplikate beizufügen.

§ 47. Die eingegangenen Duplikate werden von der zuständigen Behörde der Gegenpartei zur schriftlichen, binnen vier Wochen nach der Behändigung in zwei Exemplaren einzureichenden Gegenerklärung zugefertigt.

§ 48. Nach Ablauf dieser Frist legt die nämliche Behörde die sämtlichen Verhandlungen nebst ihren Akten dem Bundesamte vor.

§ 49.[1]) Aufklärungen, die das Bundesamt vor der Entscheidung für nötig hält, hat auf sein Ersuchen die Behörde zu vermitteln, deren Entscheidung angefochten ist. Das Bundesamt kann sie auch selbst vornehmen.

§ 50.[1]) (1) Das Bundesamt entscheidet gebührenfrei. Es kann eine mündliche Verhandlung anordnen; auf Antrag eines Beteiligten muß dies geschehen. Die mündliche Verhandlung ist öffentlich.

---

[1]) in der Fassung des Ges. v. 7. Dez. 1928, abgedr. S. 44.

(²) Das Erkenntnis wird schriftlich, mit Gründen versehen, den Parteien durch Vermittelung derjenigen Behörde (§ 46) zugefertigt, gegen deren Beschluß es ergangen ist.

§ 51. Gegen die Entscheidung des Bundesamts ist ein weiteres Rechtsmittel nicht zulässig.

§ 52. Bis zu anderweitiger, von Bundes wegen erfolgender Regelung der Kompetenz des Bundesamts für das Heimatwesen kann durch die Landesgesetzgebung eines Bundesstaats bestimmt werden, daß die Vorschriften der §§ 38 bis 51, 56 Abs. 2 dieses Gesetzes für die Streitsachen zwischen Armenverbänden des betreffenden Bundesstaats in Wirksamkeit treten sollen.

§ 53. (¹) In den Streitsachen über die durch dieses Gesetz geregelte öffentliche Unterstützung Hilfsbedürftiger ist die Entscheidung der ersten Instanz, ausgenommen in dem Falle des § 57, sofort vollstreckbar.

(²) Im übrigen findet die Exekution statt:

a) auf Grund und in den Grenzen eines von dem in Anspruch genommenen Armenverband ausgestellten Anerkenntnisses (§ 55);

b) auf Grund der endgültigen Entscheidung.

(³) Die Vollstreckung der Exekution liegt der zur Entscheidung in erster Instanz zuständigen Behörde des verpflichteten Armenverbandes ob und ist bei derselben unter Beifügung der bezüglichen Urkunden zu beantragen.

§ 54. Wird die bereits vollstreckte Entscheidung der ersten landesgesetzlichen Instanz durch endgültige Entscheidungen höherer Landesinstanzen oder in Gemäßheit der §§ 38 bis 51 dieses Gesetzes wieder aufgehoben, so hat die zur Entscheidung in erster Instanz zuständige Behörde desjenigen Armenverbandes, welcher die Vollstreckung der Exekution erwirkt hatte, die erforderlichen Anordnungen zu treffen, um die Exekution und deren Folgen wieder rückgängig zu machen.

§ 55. (¹) Den zur vorläufigen Unterstützung (§ 28) und beziehungsweise zur Übernahme (§ 31) eines Hilfsbedürftigen verpflichteten Armenverbänden ist es unbenommen, die tatsächliche Vollstreckung der Ausweisung (§ 5 des Gesetzes über die Freizügigkeit vom 1. November 1867) durch eine unter sich zu treffende Einigung über das Verbleiben der auszuweisenden Person oder Familie in ihrem bisherigen Aufenthaltsorte gegen Gewährung eines bestimmten Unterstützungsbetrags von seiten des letztgedachten Armenverbandes dauernd oder zeitweilig auszuschließen.

(²) Die erstinstanzlichen Behörden (§§ 38, 39, 40) sind verpflichtet, auf Anrufen eines oder des anderen Beteiligten, zwecks tunlicher Herstellung einer solchen Einigung, vermittelnd einzuschreiten.

(³) Ist die Einigung urkundlich in Form eines Anerkenntnisses festgestellt, so findet auf Grund derselben die administrative Exekution statt (§ 53).

§ 56. (1) Wenn mit der Ausweisung Gefahr für Leben oder Gesundheit des Auszuweisenden oder seiner Angehörigen verbunden sein würde, oder wenn die Ursache der Erwerbs- oder Arbeitsunfähigkeit des Auszuweisenden durch eine im Bundeskriegsdienst oder bei Gelegenheit einer Tat persönlicher Selbstaufopferung erlittene Verwundung oder Krankheit herbeigeführt ist, oder endlich, wenn sonst die Wegweisung vom Aufenthaltsorte mit erheblichen Härten oder Nachteilen für den Auszuweisenden verbunden sein sollte, kann auch bei nicht erreichter Einigung das Verbleiben der auszuweisenden Person oder Familie in dem Aufenthaltsorte, gegen Festsetzung eines von dem verpflichteten Armenverbande zu zahlenden Unterstützungsbetrags, durch die zur Entscheidung in erster Instanz zuständige Behörde des Ortsarmenverbandes des Aufenthaltsorts angeordnet werden.

(2) Gegen diese Anordnung, welche, wenn die Voraussetzungen fortfallen, unter welchen sie erlassen ist, jederzeit zurückgenommen werden kann, steht innerhalb vierzehn Tagen nach der Zustellung beiden Teilen die Berufung zu. Dieselbe erfolgt, wenn die streitenden Armenverbände einem und demselben Bundesstaat angehören, an die nächsthöchste landesgesetzliche Instanz, sofern die streitenden Teile verschiedenen Bundesstaaten angehören, an das Bundesamt für das Heimatwesen. Bei der hierauf ergehenden Entscheidung bewendet es endgültig.

(3) Dasselbe findet statt, wenn der Antrag des verpflichteten Armenverbandes auf Erlaß einer solchen Anordnung zurückgewiesen ist.

§ 57. Solange das Verfahren, betreffend den Versuch einer Einigung nach § 55, oder betreffend den Erlaß der im § 56 bezeichneten Anordnung, schwebt, bleibt die Vollstreckbarkeit der Entscheidung erster Instanz ausgesetzt (§ 53).

§ 58. ....[1] ....

(2) Entsteht über die Notwendigkeit des Transports oder die Art der Ausführung desselben Streit, so erfolgt die Entscheidung hierüber endgültig durch die in erster Instanz in der Hauptsache zuständige Behörde des Armenverbandes des Aufenthaltsorts (§ 38 Abs. 2).

---

[1]) Abs. 1 ist durch § 29 Satz 2 RFV. nicht aufrechterhalten worden.

3.

Reichsgrundsätze über Voraussetzung, Art und Maß der öffentlichen Fürsorge.

Vom 4. Dezember 1924[1]).

(RGBl. I S. 765).

Auf Grund des § 6 Abs. 2 in Verbindung mit § 32 Abs. 2 der Verordnung über die Fürsorgepflicht vom 13. Februar 1924 (Reichsgesetzbl. I S. 100),

des § 1 Abs. 1 der Verordnung über die soziale Kriegsbeschädigten- und Kriegshinterbliebenenfürsorge vom 8. Februar 1919 (Reichsgesetzbl. S. 187) in der Fassung des § 34 der Verordnung über die Fürsorgepflicht und in Verbindung mit §§ 21 bis 23 des Reichsversorgungsgesetzes in der Fassung vom 30. Juni 1923 (Reichsgesetzbl. I S. 523)

sowie auf Grund des Artikel 2 Satz 2 der Verordnung über das Inkrafttreten des Reichsgesetzes für Jugendwohlfahrt vom 14. Februar 1924 (Reichsgesetzbl. I S. 110)

werden mit Zustimmung des Reichsrats über Voraussetzung, Art und Maß der öffentlichen Fürsorge folgende Grundsätze aufgestellt:

A. Fürsorge im allgemeinen

1. **Aufgaben** (§§ 1—4).[2])

§ 1. (1) Die Fürsorge hat die Aufgabe, dem Hilfsbedürftigen den notwendigen Lebensbedarf zu gewähren. Sie muß dabei die Eigenart der Notlage berücksichtigen.

(2) Sie soll den Hilfsbedürftigen tunlichst in den Stand setzen, sich und seinen unterhaltsberechtigten Angehörigen den Lebensbedarf selbst zu beschaffen.

§ 2. (1) Die Fürsorge muß rechtzeitig einsetzen; sie ist nicht von einem Antrag abhängig.

(2) Sie muß der Notlage nachhaltig entgegenwirken und zu verhüten suchen, daß vorübergehende Not zu dauernder wird.

§ 3. Um drohende Hilfsbedürftigkeit zu verhüten, kann die Fürsorge auch vorbeugend eingreifen, besonders um Gesundheit und Ar-

---

[1]) abgeändert durch V. v. 7. Sept. 1925, RGBl. I S. 332 (abgedr. S. 45), 8. Juni 1926, RGBl. I S. 256 (abgedr. S. 45) und V. v. 29. März 1928, RGBl. I S. 138 (abgedr. S. 46). — Diese Reichsgrundsätze sind mit Wirkung ab 1. Jan. 1925 an die Stelle der (vorläufigen) „Grundsätze über Voraussetzung, Art und Maß öffentlicher Fürsorgeleistungen" v. 27. März 1924 (RGBl. I S. 379) getreten.

[2]) Die Stichworte und Absatzziffern befinden sich nicht im Verordnungswortlaut.

beitsfähigkeit zu erhalten. Bei Minderjährigen kann sie, soweit dazu nicht die Jugendhilfe berufen ist, auch eingreifen, um Störungen der körperlichen, geistigen oder sittlichen Entwicklung zu verhindern.

§ 4. Die Fürsorge soll auch Einrichtungen für Hilfsbedürftige, besonders solche zur Beschäftigung Erwerbsbeschränkter, fördern, wenn sie die Einzelfürsorge entlasten, sparsam wirtschaften und die öffentlichen Mittel zweckentsprechend verwenden.

2. **Voraussetzung der Fürsorge** (§§ 5—9). a) **Hilfsbedürftigkeit.**

§ 5. Hilfsbedürftig ist, wer den notwendigen Lebensbedarf für sich und seine unterhaltsberechtigten Angehörigen nicht oder nicht ausreichend aus eigenen Kräften und Mitteln beschaffen kann und ihn auch nicht von anderer Seite, insbesondere von Angehörigen, erhält.

b) **notwendiger Lebensbedarf.**

§ 6. (1) Zum notwendigen Lebensbedarfe gehören

a) der Lebensunterhalt, insbesondere Unterkunft, Nahrung, Kleidung und Pflege,
b) Krankenhilfe sowie Hilfe zur Wiederherstellung der Arbeitsfähigkeit,
c) Hilfe für Schwangere und Wöchnerinnen,

außerdem

d) bei Minderjährigen Erziehung und Erwerbsbefähigung,
e) bei Blinden, Taubstummen und Krüppeln Erwerbsbefähigung.

(2) Nötigenfalls ist der Bestattungsaufwand zu bestreiten.

c) **Arbeitspflicht.**

§ 7. (1) Jeder Hilfsbedürftige, auch der nicht voll arbeitsfähige, muß seine Arbeitskraft zur Beschaffung des notwendigen Lebensbedarfs für sich und seine unterhaltsberechtigten Angehörigen einsetzen. Die Fürsorge soll ihm, soweit möglich, Gelegenheit dazu bieten. Schwerbeschädigte soll sie geeignetenfalls mit Hilfe des Reichsgesetzes über die Beschäftigung Schwerbeschädigter unterbringen.

(2) Ob dem Hilfsbedürftigen eine Arbeit billigerweise zugemutet werden kann, soll nach Lebensalter, Gesundheitszustand, häuslichen Verhältnissen und, soweit angängig, auch nach der beruflichen Ausbildung beurteilt werden; das gilt besonders auch dann, wenn die Hilfe durch Anweisung von Arbeit gewährt oder von deren Leistung abhängig gemacht werden soll (§ 19 der Verordnung über die Fürsorgepflicht).

(3) Frauen soll Erwerbsarbeit nicht zugemutet werden, wenn dadurch die geordnete Erziehung ihrer Kinder gefährdet würde; auch sonst sind bei Frauen die Pflichten besonders zu berücksichtigen, die ihnen die Führung eines Haushalts oder die Pflege von Angehörigen auferlegt.

d) **eigene Mittel (Anrechnung).**

§ 8. (1) Zu den eigenen Mitteln, die der Hilfsbedürftige einsetzen muß, ehe ihm die Fürsorge Hilfe gewährt, ist sein gesamtes verwertbares Vermögen und Einkommen zu rechnen, besonders Bezüge in

Geld oder Geldeswert aus gegenwärtigem oder früherem Arbeits- oder Dienstverhältnis und aus Unterhalts- oder Rentenansprüchen öffentlicher oder privater Art.

(2) Als verwertbar gelten nicht Gegenstände, die zur persönlichen Fortsetzung der Erwerbstätigkeit unentbehrlich sind.

(3) Die Fürsorge soll, besonders bei alten, bei noch nicht erwerbsfähigen und bei erwerbsbeschränkten Personen, die vorherige Verwertung kleiner Vermögen oder Vermögensteile nicht verlangen, wenn dadurch die Not des Hilfesuchenden oder seiner unterhaltsberechtigten Angehörigen erheblich verschärft oder zur dauernden würde.

(4) Bei Prüfung der Hilfsbedürftigkeit, der Art und des Umfanges der Hilfe bleiben Zuwendungen außer Ansatz, die die freie Wohlfahrtspflege oder ein Dritter zur Ergänzung der öffentlichen Fürsorge gewährt, ohne dazu eine rechtliche oder eine besondere sittliche Pflicht zu haben. Dies gilt nicht, wenn die Zuwendung die wirtschaftliche Lage des Unterstützten so günstig beeinflußt, daß öffentliche Fürsorge ungerechtfertigt wäre.

(5) Ebenso soll bei Personen, die trotz vorgerückten Alters oder trotz starker Beschränkung ihrer Erwerbsfähigkeit unter Aufwendung besonderer Tatkraft einem Erwerbe nachgehen, ein angemessener Betrag des Arbeitsverdienstes außer Ansatz bleiben; das gilt besonders bei Blinden, Hirnverletzten und anderen Schwererwerbsbeschränkten.

e) **Vorbehalt der Zurückzahlung.**

§ 9. (1) Muß die Fürsorge eintreten, weil das Vermögen oder Einkommen des Hilfesuchenden vorerst nicht verwertet werden kann oder soll, so kann sie ihre Hilfe ausdrücklich von der Verpflichtung abhängig machen, die aufgewendeten Kosten zurückzuzahlen. Dasselbe gilt, wenn der Hilfsbedürftige später Vermögen oder hinreichendes Einkommen zu erwarten hat. Sie kann zugleich verlangen, daß die Zurückzahlung sichergestellt wird, besonders durch Abschluß von Rentenverträgen, Bestellung von Hypotheken und Verpfändung von Vermögenswerten.

(2) Die Zurückzahlung soll in der Regel nur ausbedungen werden, wenn sie voraussichtlich ohne besondere Härte möglich ist.

(3) Wird Zurückzahlung aus dem Nachlaß ausbedungen, so ist auf unterhaltsberechtigte Angehörige Rücksicht zu nehmen, die beim Tode des Hilfsbedürftigen selbst der öffentlichen Fürsorge anheimfallen würden. Dasselbe gilt gegenüber Geschwistern oder anderen Personen, mit denen der Hilfsbedürftige in häuslicher Gemeinschaft gelebt hat oder die ihn ohne rechtliche Verpflichtung und ohne entsprechende Gegenleistung, wenn auch in der Erwartung einer Zuwendung von Todes wegen, unterstützt oder gepflegt haben.

3. **Art und Maß der Fürsorge** (§§ 10 u. 11).

§ 10. (1) Was im Einzelfall im Rahmen des notwendigen Lebensbedarfs (§ 6) an Hilfe zu gewähren ist, hat sich nach der Besonderheit des Falles zu richten, namentlich nach Art und Dauer der Not, nach der Person des Hilfsbedürftigen und den örtlichen Verhältnissen.

(2) Bei Störungen der körperlichen, geistigen oder sittlichen Entwicklung Minderjähriger ist die Hilfe so ausreichend zu bemessen, daß gründliche und dauernde Abhilfe zu erwarten ist.

§ 11. Die Hilfe kann in Geld, Sachleistung oder persönlicher Hilfe bestehen und in offener oder geschlossener (Anstalts-)Pflege gewährt werden. In einer Anstalt oder einer fremden Familie soll der Hilfsbedürftige nur untergebracht werden, wenn sein körperlicher, geistiger oder sittlicher Zustand besondere Maßnahmen zur Heilung, Pflege oder Bewahrung erfordert. Zwangsweise darf dies nur geschehen, wenn ein Gesetz es gestattet.

4. **Wochenfürsorge.**

§ 12. Schwangeren und Wöchnerinnen (§ 6c) sind je nach Art und Grad der Hilfsbedürftigkeit ärztliche Behandlung, Entbindungskostenbeitrag und Wochengeld, Wöchnerinnen, die ihr Kind stillen, außerdem Stillgeld zu gewähren. Die Hilfe soll ihnen das sicherstellen, was die Reichsversicherungsordnung den Familienangehörigen eines Versicherten gewährt (Familienwochenhilfe). An die Stelle barer Beihilfen können auch Sachleistungen treten.

5. **Arbeitsscheue.**

§ 13. (1) Bei Arbeitsscheu oder offenbar unwirtschaftlichem Verhalten sind die Voraussetzungen der Hilfsbedürftigkeit aufs strengste zu prüfen sowie Art und Maß der Fürsorge auf das zur Fristung des Lebens Unerläßliche zu beschränken. Bei Hilfsbedürftigen, die den berechtigten Anordnungen der zuständigen Stellen beharrlich zuwiderhandeln, kann entsprechend verfahren werden.

(2) Bei Arbeitsscheu oder offenbar unwirtschaftlichem Verhalten kann die Hilfe auf Anstaltspflege beschränkt, offene Pflege aber abgelehnt werden.

(3) Wird die Fürsorge einem Hilfsbedürftigen gegenüber beschränkt, so ist, soweit möglich, zu verhüten, daß davon seine Angehörigen oder andere Hilfsbedürftige mitbetroffen werden, mit denen er in häuslicher Gemeinschaft lebt.

B. Besondere Bestimmungen

a) Für Kleinrentner, Sozialrentner und die ihnen Gleichstehenden.

1. Kleinrentner (§§ 14 bis 15a).

§ 14. (1) Bei alten oder erwerbsunfähigen Personen, die infolge eigener oder fremder Vorsorge ohne die eingetretene Geldentwertung nicht auf die öffentliche Fürsorge angewiesen wären (Kleinrentner), ist bei Prüfung der Hilfsbedürftigkeit, der Art und des Umfanges der Hilfe auf ihre früheren Lebensverhältnisse Rücksicht zu nehmen, dabei aber auch die allgemeine Verschlechterung der Lebenshaltung des deutschen Volkes zu beachten. Das gilt besonders, wenn die Hilfe in einer Anstalt oder durch Anweisung von Arbeit gewährt oder von deren Leistung abhängig gemacht werden soll.

(2) Als erwerbsunfähig ist ein Kleinrentner dann anzusehen, wenn er infolge körperlicher oder geistiger Gebrechen nicht nur vorübergehend außerstande ist, sich durch Arbeit einen wesentlichen Teil seines Lebensbedarfs zu beschaffen.

§ 15.[1]) (1) Die Fürsorge darf bei Kleinrentnern nicht abhängig gemacht werden vom Verbrauch oder der Verwertung

a) eines kleineren Vermögens; als solches gilt ein Kapitalvermögen jedenfalls dann, wenn sein jährlicher Ertrag hinter dem doppelten Monatsbetrage des erhöhten Richtsatzes zurückbleibt,
b) eines angemessenen Hausrats, wobei die bisherigen Lebensverhältnisse des Hilfsbedürftigen zu berücksichtigen sind,
c) von Familien- und Erbstücken, deren Entäußerung den Hilfsbedürftigen besonders hart treffen würde, oder deren Verkehrswert außer Verhältnis zu dem Werte steht, den sie für den Hilfsbedürftigen oder seine Familie haben,
d) von Gegenständen, die zur Befriedigung geistiger, besonders wissenschaftlicher oder künstlerischer Bedürfnisse dienen und deren Besitz nicht Luxus ist,
e) eines kleinen Hausgrundstücks, das der Hilfsbedürftige ganz oder zum größten Teil zusammen mit bedürftigen Angehörigen bewohnt und das nach seinem Tode diesen weiter als Wohnung dienen soll.

(2) Die Sicherstellung des Ersatzes sowie der Verbrauch oder die Verwertung sonstigen Vermögens darf nur verlangt werden, wenn dies keine besondere Härte für den Hilfsbedürftigen oder seine unterhaltsberechtigten Angehörigen bedeutet.

§ 15a.[2]) Die Fürsorge muß Kleinrentnern über 65 Jahre zur Deckung des notwendigen Lebensunterhalts mindestens den erhöhten Richtsatz (§ 6 Abs. 3 Satz 2 der Verordnung über die Fürsorgepflicht) sicherstellen. Freiwillige Zuwendungen Dritter und Arbeitsverdienst (§ 8 Abs. 4 und 5) dürfen hierauf nur mit Zustimmung der von der obersten Landesbehörde bestimmten Stelle in Anrechnung gebracht werden; auch die Sicherstellung des Ersatzes (§ 15 Abs. 2) bedarf dieser Zustimmung.

2. **Sozialrentner.**

§ 16.[1]) In entsprechender Weise wie die Kleinrentner (§§ 14 bis 15a) sind alte oder invalide oder berufsunfähig gewordene Rentner

---

[1]) i. d. F. der V. v. 29. März 1928, abgedr. S. 46.
[2]) eingefügt durch Art. II der V. v. 29. März 1928, abgedr. S. 46.

der Arbeiter- oder Angestelltenversicherung zu betreuen. Die Rentenerhöhung, die ein Hilfloser zur Pflege und Wartung erhält (§§ 560, 930, 1065 der Reichsversicherungsordnung) bleibt bei jeder Hilfe außer Ansatz, die nicht demselben Zwecke dient.

3. **Gleichstehende.**

§ 17. Den Kleinrentnern können alte oder durch geistige oder körperliche Gebrechen erwerbsunfähig gewordene Personen gleichgestellt werden, die trotz wirtschaftlicher Lebensführung auf die öffentliche Fürsorge angewiesen sind. Die oberste Landesbehörde kann sich die Gleichstellung vorbehalten oder sie allgemein vorschreiben.

b) Für Kriegsbeschädigte und Kriegshinterbliebene

1. **Allgemeine Kb.- u. Kh.-Fürsorge.**

§ 18.[1] (1) Kriegsbeschädigten und Kriegshinterbliebenen gegenüber (§ 20) soll jede Art der Fürsorge wenigstens die Rücksichten nehmen, die für Kleinrentner vorgeschrieben sind (§§ 14 bis 15 a).

(2) Die Pflegezulage, die ein Beschädigter für Pflege und Wartung erhält, bleibt bei jeder Hilfe außer Ansatz, die nicht demselben Zwecke dient; das gilt auch für die den Blinden gewährte Führerhundzulage.

(3) Vergünstigungen, die Personen erhalten, weil ihr Einkommen unter einer bestimmten Höhe bleibt, können Kriegsbeschädigten und Kriegshinterbliebenen, die ihren Lebensunterhalt ausschließlich oder überwiegend aus den Versorgungsgebührnissen bestreiten müssen, auch dann gewährt werden, wenn ihr Einkommen diese Höhe erreicht oder nur unwesentlich übersteigt.

2. **Soziale Kb.- u. Kh.-Fürsorge** (§§ 19—32).

§ 19. Die soziale Fürsorge, die nach den Versorgungsgesetzen Kriegsbeschädigten und Kriegshinterbliebenen über die allgemeine Fürsorge hinaus Hilfe zu gewähren hat, richtet sich nach den Bestimmungen der §§ 20 bis 32.

Personenkreis.

§ 20. (1) Als Kriegsbeschädigte und Kriegshinterbliebene gelten

a) die nach dem Reichsversorgungsgesetze Versorgungsberechtigten,

b) die nach dem Offizierpensionsgesetze vom 31. Mai 1906 (Reichsgesetzbl. S. 565) Versorgten selbst und ihre nach dem Militärhinterbliebenengesetze vom 17. Mai 1907 (Reichsgesetzbl. S. 214) versorgten Angehörigen, wenn jene im Kriege eine Dienstbeschädigung erlitten haben oder an ihren Folgen verstorben sind.

(2) Den Kriegsbeschädigten und Kriegshinterbliebenen stehen Personen gleich, denen andere Reichsgesetze soziale Fürsorge im Sinne des Reichsversorgungsgesetzes zubilligen.

(3) Wenn es besondere Gründe der Billigkeit rechtfertigen, soll ein Versorgungssucher schon vor der Anerkennung seines Anspruchs

[1] i. d. F. der V. v. 29. März 1928, s. S. 47.

hinsichtlich der Fürsorge wie ein Versorgungsberechtigter behandelt werden.

Familienfürsorge.

§ 21. Die soziale Fürsorge für einen Beschädigten umfaßt auch die Familienmitglieder, deren Ernährer er gewesen ist oder ohne die Dienstbeschädigung voraussichtlich geworden wäre.

Ursächlicher Zusammenhang.

§ 22. Die soziale Fürsorge gewährt ihre Hilfe in der Regel nur, wenn die Notlage mit der Dienstbeschädigung oder dem Verluste des Ernährers zusammenhängt; der Zusammenhang wird angenommen, soweit nicht das Gegenteil offenkundig oder nachgewiesen ist. Auch ohne diesen Zusammenhang kann sie eintreten, wenn es besondere Gründe der Billigkeit rechtfertigen.

Hilfsbedürftigkeit, Art u. Maß der Hilfe, Anrechnung.

§ 23. (1) Die soziale Fürsorge gewährt ihre Hilfe auch dann, wenn zwar der Beschädigte oder die Hinterbliebenen selbst oder ein unterhaltspflichtiger Angehöriger die Leistungen aus ihrem Einkommen oder Vermögen bestreiten könnten, es aber unbillig wäre, dies zu verlangen.

(2) Bei Prüfung der Hilfsbedürftigkeit und der Art und des Umfanges der Hilfe ist entgegenkommend zu verfahren; dabei ist besonders auch der Aufwand für Erziehung und Erwerbsbefähigung von Kindern zu berücksichtigen, der nach ihren Anlagen und Fähigkeiten und nach der Lebensstellung der Eltern berechtigt ist.

(3) Bei Prüfung, inwieweit ein Schwerbeschädigter den Lebensbedarf aus eigenen Mitteln bestreiten kann, soll die Schwerbeschädigtenzulage einschließlich des auf sie entfallenden Betrags an Ausgleichs- und Ortszulage in der Regel außer Betracht bleiben.

(4) Mehrausgaben, die einem Schwerbeschädigten infolge seiner Beschädigung erwachsen, sollen angemessen berücksichtigt werden. Bei einer Witwe soll in der Regel die Rentenerhöhung außer Betracht bleiben, die sie erhält, weil sie erwerbsunfähig ist oder ein Kind zu versorgen oder das 45. oder ein höheres Lebensjahr vollendet hat.

Ziel und Aufgaben (§§ 24, 25).

§ 24. Die soziale Fürsorge hat zum Ziele, den Beschädigten tunlichst wieder erwerbsfähig zu machen und ihn dem Wirtschaftsleben zu erhalten, der Witwe die Fortführung ihres Hausstandes und die Erziehung und Ausbildung ihrer Kinder tunlichst aus eigenen Kräften zu ermöglichen und den Waisen die Erlangung einer ihren Fähigkeiten angemessenen Lebensstellung zu erleichtern.

§ 25. Die soziale Fürsorge hat den Beschädigten und Hinterbliebenen bei der Berufsausbildung und bei der Unterbringung und Erhaltung im Erwerbsleben beizustehen und behilflich zu sein, die Folgen einer erlittenen Dienstbeschädigung oder des Verlustes des Ernährers nach Möglichkeit zu überwinden oder zu mildern.

Arbeits- und Berufsfürsorge (§§ 26, 27).

§ 26. (1) Hat ein Beschädigter nach dem Reichsversorgungsgesetz einen Anspruch auf unentgeltliche berufliche Ausbildung, so muß ihm die soziale Fürsorge diese gewähren und während der Ausbildung auch den notwendigen Lebensbedarf für ihn und seine unterhaltsberechtigten Angehörigen, soweit er ihn nicht aus eigenen Mitteln beschaffen kann.

(2) Inwieweit darüber hinaus Beschädigten und Hinterbliebenen Berufsausbildung gewährt werden soll, richtet sich nach den Besonderheiten des Einzelfalls.

§ 27. (1) Die soziale Fürsorge soll Beschädigte und Hinterbliebene in Versorgungs-, Fürsorge- und Familienangelegenheiten beraten oder diese Beratung vermitteln.

(2) Sie soll für Berufsberatung, Arbeitsvermittlung und Arbeitsbeschaffung im Zusammenwirken mit den Arbeitsnachweisen sorgen und Schwerbeschädigte bei Wahrung ihrer Rechte aus dem Reichsgesetz über die Beschäftigung Schwerbeschädigter unterstützen.

(3) In geeigneten Fällen soll sie auch die Ansiedlung und Selbständigmachung Beschädigter und Hinterbliebener, besonders kinderreicher Familien, fördern.

Heilfürsorge, Siechenfürsorge.

§ 28. (1) Die soziale Fürsorge soll den dauernd erwerbsunfähigen Schwerbeschädigten die durch die Dienstbeschädigung verursachten körperlichen Beschwerden erleichtern, soweit dies nicht durch die Versorgungsheilbehandlung zu geschehen hat.

(2) Soweit Beschädigte dauernder Pflege bedürfen, aber nicht auf Kosten des Reichs unter entsprechender Anrechnung der Versorgungsgebührnisse Anstaltspflege erhalten, soll die soziale Fürsorge für angemessene Pflege und Unterkunft sorgen.

(3) Während der Heilbehandlung eines Beschädigten soll die Fürsorge, wenn nötig, die Versorgungsleistungen durch Fürsorgemaßnahmen für ihn und seine Angehörigen ergänzen.

Kinderfürsorge.

§ 29. (1) Die soziale Fürsorge hat die Berufsausbildung von Waisen und von Kindern Schwerbeschädigter nachdrücklich zu fördern; sie soll dabei die Anlagen und Fähigkeiten des Kindes und die Lebensstellung der Eltern angemessen berücksichtigen.

(2) Die soziale Fürsorge soll auch sonst auf die Erziehung von Waisen und von Kindern Schwerbeschädigter sowie auf die Pflege ihrer Gesundheit besonderes Gewicht legen und ihnen die Teilnahme an Einrichtungen der Gesundheits- und Erholungsfürsorge möglichst erleichtern.

Krankenhilfe für Hinterbliebene.

§ 30.[1] Für hilfsbedürftige nicht versicherte Hinterbliebene soll

---

[1] Satz 2 angefügt durch V. v. 29. März 1928, abgedr. S. 46.

durch Vereinbarung mit den Krankenkassen oder auf andere Weise für die notwendige Krankenhilfe gesorgt werden. Als hilfsbedürftig gelten insbesondere die Hinterbliebenen, denen Zusatzrente nach dem Reichsversorgungsgesetze gewährt wird.

Darlehen. Zurückzahlung von Fürsorgeleistungen.

§ 31. (1) Um die wirtschaftliche Selbständigkeit Beschädigter und Hinterbliebener zu sichern, soll von der Möglichkeit, ihnen Darlehen gegen Verpfändung von Versorgungsgebührnissen zu gewähren, tunlichst Gebrauch gemacht werden.

(2) Im übrigen soll die soziale Fürsorge ihre Hilfe nur dann von der Zurückzahlung der aufgewendeten Kosten abhängig machen, wenn es mit Rücksicht auf Art und Zweck der Fürsorgeleistungen und die gegenwärtigen oder zu erwartenden wirtschaftlichen Verhältnisse des Hilfesuchenden unbillig wäre, hiervon abzusehen; die berufliche Ausbildung, auf die ein Beschädigter nach dem Reichsversorgungsgesetz Anspruch hat (§ 26), darf sie nicht davon abhängig machen.

(3) Wenn sich die soziale Fürsorge bei ihrer Hilfe nicht ausdrücklich die Zurückzahlung der aufgewendeten Kosten ausbedingt, kann sie Ersatz nicht verlangen.

Allgemeine Einrichtungen.

§ 32. Die soziale Fürsorge soll allgemeine Einrichtungen, die auch Kriegsbeschädigten und Kriegshinterbliebenen zugute kommen, besonders fördern.

C. Schlußbestimmungen

Erwerbslosenfürsorge.

§ 33. Die besonderen Bestimmungen über die Fürsorge für Erwerbslose werden durch diese Grundsätze nicht berührt.

§ 33 a[1].)

Ausländer.

§ 34. Ausländern im Falle der Hilfsbedürftigkeit Lebensunterhalt, insbesondere Unterkunft, Nahrung, Kleidung und Pflege sowie Krankenhilfe zu gewähren. Nötigenfalls ist der Bestattungsaufwand zu bestreiten. Die übrigen Bestimmungen gelten für Ausländer nur, soweit es die Reichsregierung mit Zustimmung des Reichsrats oder ein Staatsvertrag bestimmt.

Landesrecht.

§ 35. (1) Die vorstehenden Grundsätze hindern die Länder, und soweit nicht landesrechtliche Vorschriften entgegenstehen, auch die Fürsorgeverbände nicht, den Hilfsbedürftigen darüber hinaus Hilfe zu gewähren.

---

[1]) Eingeschaltet durch V. v. 7. Sept. 1925 (RGBl. I S. 332). Abgedruckt S. 45. Wieder aufgehoben durch V. v. 8. Juni 1926 (RGBl. I S. 256), abgedr. S. 45.

(2) Der Ersatz der aufgewendeten Kosten kann von den Fürsorgeverbänden eines anderen Landes nur verlangt werden, soweit sich die Hilfe im Rahmen dieser reichsrechtlichen Grundsätze hält.

Inkrafttreten.

§ 36. Diese Grundsätze treten am 1. Januar 1925 in Kraft. Mit diesem Zeitpunkt treten außer Kraft:

a) die im Artikel 2 der Verordnung vom 14. Februar 1924 (Reichsgesetzbl. I S. 110) über das Inkrafttreten des Reichsgesetzes für Jugendwohlfahrt noch aufrechterhaltenen Vorschriften des § 49 Abs. 1 und 2 des Reichsgesetzes für Jugendwohlfahrt vom 9. Juli 1922 (Reichsgesetzbl. I S. 633),

b) die im § 32 der Verordnung über die Fürsorgepflicht vom 13. Februar 1924 (Reichsgesetzbl. I S. 100) noch aufrechterhaltenen Bestimmungen über die Fürsorge für Rentenempfänger der Invaliden- und Angestelltenversicherung, Kleinrentner, Kriegsbeschädigte und Kriegshinterbliebene sowie diejenigen über Wochenfürsorge.

4.

Der Reicharbeitsminister.
V A (VIII) 10665.

Berlin, den 13. Dezember 1924.

Der Reichsminister des Innern.
II 9627/24 B.

An die Landesregierungen.

Erläuterungen zu den Reichsgrundsätzen über Voraussetzung, Art und Maß der öffentlichen Fürsorge.*)

Die Verordnung über die Fürsorgepflicht vom 13. Februar 1924 (Reichsgesetzbl. I S. 100) regelt Voraussetzung, Art und Maß der zu gewährenden Fürsorge nicht selbst. Sie überläßt in § 6 die Regelung im Rahmen der reichsrechtlichen Vorschriften den Ländern, gibt aber der Reichsregierung zugleich die Befugnis, mit Zustimmung des Reichsrats Grundsätze**) hierüber aufzustellen, um die Gleichmäßigkeit der Fürsorge insoweit zu wahren, als es im Interesse der Hilfsbedürftigen und der ersatzberechtigten und -verpflichteten Fürsorgeverbände geboten oder aus wohlfahrtspflegerischen Gründen dringend erwünscht ist. Außerdem bestimmt § 1 der Verordnung über die soziale Fürsorge für Kriegsbeschädigte und Kriegshinterbliebene vom 8. Februar 1919 (Reichsgesetzbl. S. 187) in der Fassung des § 34 der Verordnung über die Fürsorgepflicht, daß die soziale Fürsorge für Kriegsbeschädigte und Kriegshinterbliebene nach Grundsätzen zu erfüllen ist, die die Reichsregierung mit Zustimmung des Reichsrats aufstellt.

---

*) abgedruckt RABl. 1924 (Amtl. Teil) S. 494; Bayer. MABl. 1925 S. 1.

**) Der Sperrdruck im Text der „Erläuterungen" befindet sich nicht im RABl., er ist der größeren Übersichtlichkeit halber vorgesehen.

Bis zur Aufstellung dieser Grundsätze hat die Fürsorgepflichtverordnung in § 32 Abs. 2 die bisherigen reichsrechtlichen Bestimmungen über die Fürsorge für Rentenempfänger der Invaliden- und Angestelltenversicherung, Kleinrentner, Kriegsbeschädigte und Kriegshinterbliebene sowie diejenigen über Wochenfürsorge aufrechterhalten, soweit sie Voraussetzung, Art und Maß der Fürsorge betreffen. Ebenso sind durch Artikel 2 Abs. 2 der Verordnung über das Inkrafttreten des Reichsgesetzes für Jugendwohlfahrt vom 4. Februar 1924 (Reichsgesetzbl. I S. 110) die Vorschriften des § 49 Abs. 1 und 2 des Reichsjugendwohlfahrtsgesetzes bis zum Erlasse neuer Vorschriften aufrechterhalten.

Unterm 4. Dezember 1924 sind nunmehr die

Reichsgrundsätze über Voraussetzung, Art und Maß der öffentlichen Fürsorge

mit Zustimmung des Reichsrats erlassen worden. Sie sind im Reichsgesetzbl. 1924 Teil I S. 765 bekanntgegeben und treten am 1. Januar 1925 in Kraft.

Zu ihrer Erläuterung wird bemerkt:

Die Fürsorgepflichtverordnung will die bisherige Zersplitterung der öffentlichen Wohlfahrtspflege in Gesetzgebung und Vollzug tunlichst beseitigen. Sie will durch Schaffung leistungsfähiger Träger und durch einheitliche Zuständigkeitsvorschriften die Durchführung einer zweckgestalteten Fürsorge erleichtern; sie will aber nicht Art und Umfang der Fürsorge auf ein Gleichmaß da herabdrücken, wo die Verhältnisse Verschiedenartigkeit erfordern und ertragen. Die Grundsätze lehnen daher eine Einheitsfürsorge ab, die alle Hilfsbedürftigen ohne Rücksicht auf Art und Ursache der Not gleichbehandelt. Sie versuchen vielmehr den Gedanken zu verwirklichen, den die im Jahre 1923 gefertigte Denkschrift des Reichsarbeitsministeriums über die Vorarbeiten zu einem Reichswohlfahrtsgesetze zum Ausdruck bringt, „daß für Hilfsbedürftige, die durch die besonderen Dienste, die sie oder ihr Ernährer der Allgemeinheit geleistet haben, oder die auf Grund einer Vorsorge, die Recht oder Sitte verlangt oder anerkennt, einen Anspruch auf Fürsorge erworben haben, Rechte und Richtmaße der Fürsorge in der Regel höher bemessen werden sollen als bei denjenigen, denen die Fürsorge lediglich kraft ihres Daseins zugestanden wird". Das gilt vor allem für die Kriegsbeschädigten und Kriegshinterbliebenen, denen das Reichsversorgungsgesetz eine besondere Art der Fürsorge zuerkennt. Es gilt aber auch für die Kleinrentner, die infolge eigener oder fremder Vorsorge ohne die Geldentwertung der Fürsorge nicht anheim gefallen wären und für die bisher schon eine der Art nach gehobene Fürsorge eingeführt war. Es gilt ferner für die Sozialrentner, die nach einem Leben von Arbeit und Mühe hilfsbedürftig werden. Von der Invalidenversicherung wurde auch vor dem Kriege nicht erwartet, daß sie den ganzen Lebensunterhalt des vom Versicherungsfalle Betroffenen deckt. Die in der Sozialversicherung organisierte Selbsthilfe bedarf der Ergänzung durch weitere eigene Vorsorge, durch Familienhilfe und, soweit diese nicht ausreichen, durch öffentliche Fürsorge. Geldentwertung und Teuerung haben aber die eigene Vorsorge und die Familienhilfe dauernd geschwächt.

Die bisherige Armenpflege von Reichs wegen zu einer gehobenen Wohlfahrtspflege umzugestalten, wie dies von verschiedenen Seiten verlangt wird, ist dem Reiche bei seiner gegenwärtigen Finanzlage nicht möglich; denn es wäre außerstande, den Ländern oder Gemeinden für diese neuen Aufgaben den Vorschriften des § 59 des Finanzausgleichsgesetzes entsprechend die erforderlichen Mittel bereitzustellen. Die Reichsgrundsätze hindern aber kein Land, für alle Hilfsbedürftigen eine gehobene Wohlfahrtspflege einzuführen. Ebensowenig schließen es die Grundsätze aus, daß ein Fürsorgeverband einzelnen oder allen Hilfsbedürftigen eine über die allgemeine hinausgehende Fürsorge zuwendet, es sei denn, daß ihn landesrechtliche Vorschriften binden (§ 35).

A. Fürsorge im allgemeinen

Der Abschnitt „Fürsorge im allgemeinen" umfaßt die Vorschriften, die für jede Art der Fürsorge gelten sollen; er will die Grundsätze allgemein festhalten, die sich nach den bisherigen Erfahrungen bewährt haben und im Rahmen der zur Verfügung stehenden Mittel durchführbar erscheinen.

Zu § 1

Pflichtaufgabe der Fürsorge soll sein, dem Hilfsbedürftigen den notwendigen Lebensbedarf zu gewähren. Die Fürsorge darf dabei nicht einförmig helfen, sondern muß die Eigenart der Notstände ergründen und danach die Mittel zur Abhilfe wählen; schematische Fürsorge widerspricht den Grundsätzen.

Das Ziel jeder Fürsorge muß sein, sich überflüssig zu machen, d. h. den Hilfsbedürftigen in seinem Willen und in seiner Kraft so zu stärken, daß er sich durch eigenes Können, Mühen und Schaffen selbst behaupten, insbesondere für seine unterhaltsberechtigte Familie selbst sorgen kann.

Zu §§ 2 und 3

Die Fürsorgepflichtverordnung verpflichtet an sich den Fürsorgeverband nur einzugreifen, wenn die Hilfsbedürftigkeit bereits besteht. Die große Bedeutung, die der vorbeugenden Fürsorge, besonders auf dem Gebiete der Gesundheits- und Arbeitsfürsorge und zum Schutze der gefährdeten Jugend, beigelegt werden muß, ließ es aber geboten erscheinen, in den Grundsätzen auf diese vorbeugende Maßnahme ausdrücklich hinzuweisen. Eine Verpflichtung, solche Maßnahmen einzuleiten und durchzuführen, konnten die Grundsätze aus denselben Gründen nicht aussprechen, die sie hinderten, eine gehobene Wohlfahrtspflege allgemein einzuführen. Sie konnten daher nur vorschreiben, daß die Fürsorge rechtzeitig und ausreichend einsetzen muß; die Fürsorge wird dann sicherer helfen und sparsamer wirtschaften, als wenn sie zuwartet, bis sie einem verschärften Notstand gegenübersteht, dem sie nicht oder nur mit verstärkten Kräften und Mitteln gewachsen ist; das gilt besonders bei Störungen körperlicher, geistiger oder sittlicher Entwicklung der Jugendlichen, wie dies bereits in § 49 Abs. 2 des Reichsgesetzes für Jugendwohlfahrt vom 9. Juli 1922 zum Ausdruck gekommen ist.

Hilfsbedürftigkeit und Eintritt der Notlage sind nicht gleichbedeutend. Die Grenzen zwischen vorbeugenden und helfenden Maßnahmen werden häufig — nur schwer scheidbar — ineinander übergehen. Die Hilfsbedürftigkeit wird regelmäßig schon dann als eingetreten zu gelten haben, wenn die Notlage erkennbar droht und der von der Notlage Bedrohte außerstande ist, ihr in dem Zeitpunkt entgegenzutreten, in dem ein verständig wirtschaftender und sorgender Mensch Abhilfe sucht. Die Fürsorge, die einer ihr erkennbar werdenden Notlage in diesem Zeitpunkt bereits entgegentritt, setzt rechtzeitig ein; ihre Leistung ist eine helfende, nicht eine vorbeugende Maßnahme und daher ersatzfähig im Sinne der Fürsorgepflichtverordnung.

Der Hilfsbedürftige soll nicht aus Unkenntnis oder aus Scheu der Hilfe verlustig gehen. Die Fürsorge darf daher ihr Eingreifen nicht von einem Antrag abhängig machen; sie muß erforderlichenfalls auch von Amts wegen einsetzen. Ein Verzicht des Hilfsbedürftigen auf Hilfe entbindet sie nicht von ihrer Pflicht.

Zu § 4

Auf die Notwendigkeit, Einrichtungen zu fördern, die den gemeinsamen Interessen von Hilfsbedürftigen dienen, war bereits in den Richtlinien für die Kleinrentnerfürsorge vom 9. Mai 1923 und den hierzu ergangenen Erläuterungen hingewiesen worden. Die Grundsätze wiederholen diesen Hinweis allgemein, um die Fürsorgeverbände auf die Wichtigkeit derartiger Einrichtungen hinzuweisen, die vielfach den Notständen am zweckmäßigsten abhelfen und die Fürsorgeverbände in der Einzelfürsorge stark entlasten. Das gilt insbesondere für Einrichtungen, die der Beschäftigung Erwerbsbeschränkter oder, wie es bei Kleinrentnern häufig der Fall ist, bisher Erwerbsungewohnter dienen. Ob es sich dabei um Einrichtungen der öffentlichen oder der freien Wohlfahrtspflege handelt, ist gleichgültig.

Zu § 5

Die Bestimmung, wann eine Person als hilfsbedürftig anzusehen ist (§ 5), entspricht im wesentlichen der bisherigen Verwaltungsübung und Rechtsprechung und den in einzelnen Landesgesetzen erlassenen besonderen Vorschriften. Wird ein Unterhaltsberechtigter unterstützt, so gilt grundsätzlich er, nicht der Unterhaltsverpflichtete, als der Hilfsbedürftige. Bei der Schwierigkeit, zu unterscheiden, inwieweit die einer Familie geleistete Hilfe dem Familienhaupt oder den übrigen Familienmitgliedern zuteil wird, wer also von ihnen als hilfsbedürftig anzusehen ist, soll jemand auch dann schon als hilfsbedürftig gelten, wenn seine Mittel und Kräfte nicht ausreichen, den notwendigen Lebensbedarf für seine unterhaltsberechtigten Angehörigen zu beschaffen.

Die Tatsache, daß ein Anstaltspflegling der Anstalt gegenüber einen vertraglichen Unterhaltsanspruch hat, schließt seine Hilfsbedürftigkeit u. a. dann nicht aus, wenn die Anstalt nicht mehr in der Lage ist, ihre Vertragspflichten zu erfüllen.

Zu § 6

Was als notwendiger Lebensbedarf im Sinne der §§ 1 und 5 anzusehen ist, bestimmt § 6. Es soll darunter nicht lediglich das zum Lebensunterhalt unbedingt Notwendige verstanden werden, sondern darüber hinaus auch das, was zur Erhaltung der Gesundheit und Arbeitsfähigkeit geboten ist; auch sollen die werdende Mutter und das Kind ausreichend geschützt werden.

In Verwirklichung des Gedankens, daß die Fürsorge in erster Linie bestrebt sein muß, die zu betreuenden Personen selbständig und damit unabhängig von ihrer Hilfe zu machen, bezeichnet § 6 d bei Minderjährigen — entsprechend der bisherigen Vorschrift in § 49 Abs. 1 des Reichsgesetzes für Jugendwohlfahrt — außerdem als zum notwendigen Lebensbedarfe gehörig Erziehung und Erwerbsbefähigung. Die Erwerbsbefähigung umfaßt nicht nur die Befähigung zu ungelernter Arbeit, sondern in geeigneten Fällen auch die Ausbildung zu einem bestimmten Beruf.

Ebenso bestimmt § 6 e, daß auch bei Blinden, Taubstummen und Krüppeln die Erwerbsbefähigung zur Pflichtaufgabe der Fürsorge gehört. Die Erfahrungen, besonders in der sozialen Kriegsbeschädigtenfürsorge, haben ergeben, daß es die wirksamste, würdigste und im Endergebnisse sparsamste Hilfe für derartige Schwererwerbsbeschränkte ist, ihre Kräfte dem Wirtschaftsleben nutzbar zu machen. Die Fürsorge wird daher im Endergebnisse nicht verteuert, wenn sie verpflichtet wird, von vornherein auch diese Erwerbsbefähigung in ihren Aufgabenkreis einzubeziehen. Wo die Erfolglosigkeit des Versuchs, einen solchen Hilfsbedürftigen erwerbsfähig zu machen, mit Sicherheit vorauszusehen ist oder sich bereits herausgestellt hat, braucht er — wie sich aus § 10 ergibt — nicht unternommen oder fortgesetzt zu werden.

Daß einem Hilfsbedürftigen nach dem Ableben eine geordnete Bestattung zuteil werden soll, entspricht den bisher in allen Ländern geltenden Bestimmungen.

Zu § 7

Die Fürsorge darf das selbstverantwortende Schaffen nicht lähmen. Es muß daher von jedem Hilfsbedürftigen verlangt werden, daß er die ihm noch verbliebene Arbeitskraft zur Beschaffung des notwendigen Lebensbedarfs selbst einsetzt, ehe ihm die Fürsorge Hilfe gewährt. Die Vorschriften des § 7 Abs. 2 und 3 wollen ihn aber auch dagegen schützen, daß er unter Voraussetzungen und in Formen zur Erwerbsarbeit gedrängt wird, die unwirtschaftlich und unbillig wären; sie wollen insbesondere verhüten, daß eine Mutter, die ihre Kinder erziehen kann und will, durch die Fürsorge gezwungen wird, dem Erwerbe nachzugehen und ihre Kinder der Fürsorge anderer zu überlassen.

Zu § 8

Die Belange der Allgemeinheit verlangen, daß, ehe die öffentliche Fürsorge eintritt, der Hilfsbedürftige seine eigenen Mittel einzusetzen hat, d. h. sein gesamtes verwertbares Vermögen und Einkommen. § 8 spricht in Abs. 1 diesen Grundsatz aus, sucht aber in Abs. 2 und 3 zu verhüten, daß diese Verwertung in einem Umfang oder in einer Art verlangt wird, die unbillig oder unwirtschaftlich wäre, insbesondere zwar im Augenblick eine Verringerung des Fürsorgeaufwandes, für später jedoch eine größere und dauernde Last zur Folge hätte.

Die öffentliche Wohlfahrtspflege darf freiwillige Gaben, die zu ihrer Ergänzung gegeben werden, nicht zu anderen Zwecken verwenden, als sie vom Geber bestimmt sind. § 8 Abs. 4 soll verhindern, daß eine mit dem Geberwillen in Widerspruch stehende Verwendung freiwilliger Gaben die Tätigkeit der freien Wohlfahrtspflege beeinträchtigt und die Gebefreudigkeit Dritter hemmt.

Die Bestimmung des Abs. 5 entspringt der Erwägung, daß derjenige, der durch außergewöhnliche Tatkraft trotz vorgerückten Alters oder starker

Beschränkung seiner Erwerbsfähigkeit sich bemüht, seine wirtschaftliche Lage zu verbessern, von der Fürsorge auch besonders berücksichtigt werden soll. Als schwererwerbsbeschränkt sind Personen anzusehen, die wenigstens um 50 v. H. in ihrer Erwerbsfähigkeit beschränkt sind.

Zu § 9

Wenn auch nach § 8 Vermögen und Ansprüche, die noch nicht verwertbar sind, bei Prüfung der Hilfsbedürftigkeit und der Art und des Maßes der Hilfe nicht berücksichtigt werden können, so ist es doch gerechtfertigt, in geeigneten Fällen auf solches Vermögen oder solche Ansprüche zurückzugreifen, wenn sie später verwertbar sind. § 9 sieht daher vor, daß die Hilfeleistung ausdrücklich von der Verpflichtung abhängig gemacht werden kann, die aufgewendeten Kosten zurückzuzahlen. Durch die Vorschriften des Abs. 2 und 3 soll ungerechtfertigten Härten vorgebeugt, insbesondere verhindert werden, daß Personen, denen die Rückzahlung der aufgewendeten Kosten voraussichtlich nur aus dem Arbeitseinkommen möglich ist, durch die eingegangene Verpflichtung in ihrem Fortkommen auf lange Zeit schwer gehemmt werden. Die Vorschrift schließt selbstverständlich nicht aus, daß da, wo ein Darlehen an sich die ausreichende und angemessene Hilfe darstellt, auch diese Form gewählt wird.

Zu § 10

Der Lebensbedarf ist nur insoweit zu gewähren, als er im Einzelfall erforderlich ist. Was als erforderlich zu gelten hat, ist ohne Engherzigkeit, aber mit der ernsten Verantwortung zu prüfen, die bei Verwendung öffentlicher Mittel unter den gegenwärtigen Verhältnissen besonders geboten ist; dabei werden einerseits die berechtigten besonderen Bedürfnisse des Hilfsbedürftigen und anderseits die Finanzlage sowie die allgemeine Lebenshaltung des Volkes in abwägende Rücksicht zu ziehen sein.

Den schwierigen wirtschaftlichen Verhältnissen, unter denen kinderreiche Familien leben, ist besonders Rechnung zu tragen. Dies gilt auch für Flüchtlinge.

Auch die Frage, in welcher Form Hilfe geleistet werden soll, muß individuell, d. h. nach der Besonderheit des Einzelfalles, geprüft und entschieden werden.

Zu § 11

Auf die Hingabe von Geld kann sich die Fürsorge nicht beschränken; je nach den Umständen muß sie auch Sachleistungen und vor allem persönliche Hilfe gewähren. Die Fürsorge kann in offener oder Anstaltspflege geleistet werden; der Hilfsbedürftige soll aber gegen eine nicht gebotene, ihm unerwünschte Unterbringung in einer Anstalt oder fremder Familie angemessen geschützt werden.

Zu § 12

Die Reichsversicherungsordnung gewährt nicht nur Schwangeren und Wöchnerinnen, die selbst versichert sind, Wochenhilfe, sondern auch den Familienangehörigen Versicherter. § 12 will auch anderen Schwangeren und Wöchnerinnen, wenn sie hilfsbedürftig sind, die Hilfe sicherstellen, die die Reichsversicherungsordnung (§ 205 a) den Familienangehörigen Versicherter gewährt.

In Anlehnung an die früheren Bestimmungen über Wochenfürsorge einheitliche Mindesteinkommenssätze für die Gewährung der Hilfe festzusetzen, erschien bei der Verschiedenartigkeit der wirtschaftlichen Verhältnisse in den einzelnen Teilen des Deutschen Reiches nicht angebracht. Die Fürsorge wird aber gerade Schwangeren und Wöchnerinnen gegenüber bei Prüfung der Hilfsbedürftigkeit besonders wohlwollend verfahren und daher vielfach bei Familien eingreifen müssen, bei denen sonst die Inanspruchnahme öffentlicher Fürsorgemittel nicht in Betracht kommt.

Zu § 13

Dem Hilfsbedürftigen gegenüber, der sich unter Aufwendung besonderer Tatkraft bemüht, sich selbst zu erhalten, ebenso wie gegenüber der Allgemeinheit, die die Fürsorgelasten zu tragen hat, ist es ein Gebot der Billigkeit, bei Arbeitsscheuen und offenbar unwirtschaftlichen Personen die Fürsorge weitgehend zu beschränken. Das gleiche muß den Hilfesuchenden gegenüber möglich sein, die den berechtigten Anordnungen der zuständigen Stellen beharrlich zuwiderhandeln. § 13 trägt dieser Forderung Rechnung; er gilt für alle Gruppen von Hilfsbedürftigen, also auch für die unter B bezeichneten. Um einen Hilfsbedürftigen als arbeitsscheu oder offenbar unwirtschaftlich anzusehen, genügt eine einmalige Arbeitsverweigerung oder ein einmaliges unwirtschaftliches Verhalten nicht; es muß vielmehr eine dauernde Arbeitsscheu oder ein Hang zum Nichtstun festgestellt werden.

B. Besondere Bestimmungen

a) Für Kleinrentner, Sozialrentner und ihnen Gleichstehende

Zu §§ 14 und 15

Die von der Kleinrentnerfürsorge handelnden Bestimmungen der §§ 14 und 15 schließen sich im wesentlichen den bisherigen Grundsätzen über Voraussetzung, Art und Maß der Fürsorge für Kleinrentner an.

Der Personenkreis ist im § 14 in Anlehnung an die früheren Vorschriften des § 2 des Gesetzes vom 4. Februar 1923 über die Kleinrentnerfürsorge (Reichsgesetzbl. I S. 104) umschrieben. Voraussetzung der Kleinrentnereigenschaft ist hiernach, daß der Hilfsbedürftige infolge eigener oder fremder Vorsorge ohne die eingetretene Geldentwertung nicht auf die öffentliche Fürsorge angewiesen wäre. Die bisherige Bestimmung, daß diese Kleinrentnereigenschaft auch dann anzunehmen ist, wenn die Hilfsbedürftigkeit „ohne sonstige Kriegsfolgen“ nicht eingetreten wäre, ist nicht wieder aufgenommen worden, da sie in der Praxis vielfach zu Zweifeln und Streitigkeiten Anlaß gegeben hat und der Nachweis, daß „ohne die Kriegsfolgen“ eine Person nicht auf die öffentliche Fürsorge angewiesen wäre, um so schwerer zu führen ist, je weiter die Kriegszeit zurückliegt; Härten, die sich etwa daraus ergeben könnten, lassen sich ohne weiteres auf dem im § 17 vorgesehenen Wege ausgleichen. Andererseits ist auch von den bisher im § 2 des Kleinrentnerfürsorgegesetzes unter a bis d vorgesehenen Einschränkungen abgesehen worden, da sie nach den bisherigen Erfahrungen die Durchführung der Bestimmungen zu sehr erschwerten und sachlich von keiner erheblichen Bedeutung sind.

Als Kleinrentnerinnen sind u. a., wie bisher, auch alte oder erwerbsunfähige Diakonissinnen und Ordensschwestern anzusehen, denen das

Mutterhaus infolge der Geldentwertung keine ausreichende Versorgung mehr gewähren kann.

Zu den Personen, die ohne die eingetretene Geldentwertung nicht der öffentlichen Fürsorge anheimgefallen wären, sind auch die Flüchtlinge zu zählen, die während des Krieges oder nachher ihr Vermögen im Auslande oder einem ehemals deutschen Gebiete verloren haben, ohne daß sie dafür ausreichend entschädigt werden konnten.

Bei Kleinrentnern sollen auch in Zukunft Hilfsbedürftigkeit sowie Art und Maß der Hilfe nach besonderen Maßstäben beurteilt werden. Die Kleinrentner sollen vor allem dagegen geschützt werden, daß sie noch die letzten Reste des ihnen durch die Geldentwertung genommenen Vermögens angreifen müssen, ehe die Fürsorge mit ihrer Hilfe einsetzt.

Zu § 16

Zu den Sozialrentnern im Sinne des § 16 gehören

1. auf dem Gebiete der Invalidenversicherung
   a) die Empfänger einer Invalidenrente (§ 1255 RVO.); invalide ist, wer zweidrittel Erwerbsfähigkeit verloren hat oder 65 Jahre alt ist;
   b) die Empfänger einer Witwen- oder Witwerrente (§§ 1258, 1260 RVO.);
2. auf dem Gebiete der Angestelltenversicherung
   a) die Empfänger von Ruhegeld (§ 30 des Angestelltenversicherungsgesetzes); berufsunfähig ist, wer die Hälfte der beruflichen Arbeitskraft verloren hat oder 65 Jahre alt ist;
   b) die Empfänger einer Witwerrente und solche Empfängerinnen einer Witwenrente, die berufsunfähig oder invalide oder 65 Jahre alt sind;
3. auf dem Gebiete der knappschaftlichen Versicherung
   a) die Empfänger einer Invalidenpension (§§ 25, 26 des Reichsknappschaftsgesetzes);
   b) die Empfängerinnen einer Witwenrente, die berufsunfähig oder invalide oder 65 Jahre alt sind);
4. auf dem Gebiete der Unfallversicherung
   a) die Unfallrentner, die zugleich entweder eine Invalidenrente nach der Reichsversicherungsordnung oder ein Ruhegeld nach der Angestelltenversicherung oder eine Invalidenpension nach der Knappschaftsversicherung beziehen;
   b) andere Empfänger einer Verletztenrente dann, wenn sie infolge des Unfalls berufsunfähig oder invalide oder wenn sie 65 Jahre alt sind;
   c) die Empfängerinnen einer Witwenrente, die berufsunfähig oder invalide oder 65 Jahre alt sind;
   d) die Empfänger einer Witwenrente.

Zu § 17

Die Bestimmung des § 17 umfaßt den Personenkreis des bisherigen § 2 Abs. 2 des Kleinrentnerfürsorgegesetzes. Sie bezieht aber darüber hinaus auch andere Personengruppen in die gehobene Fürsorge ein, bei denen ähnliche Rücksichten wie bei den Kleinrentnern angebracht sind. Sie ermöglicht es, Härten auszugleichen und in die Sozialrentnerfürsorge die Witwen einzubeziehen, die eine Rente aus der Invalidenversicherung lediglich deshalb nicht erhalten, weil ihre gegen Invalidität versicherten Ehemänner vor dem 1. Januar 1912 invalide geworden sind[1]).

b) Für Kriegsbeschädigte und Kriegshinterbliebene

Zu § 18

Die besonderen Bestimmungen für Kriegsbeschädigte und Kriegshinterbliebene geben, soweit Voraussetzung, Art und Maß der sozialen Fürsorge in Betracht kommen, im wesentlichen die Grundsätze wieder, die der Reichsausschuß der Kriegsbeschädigten- und Kriegshinterbliebenenfürsorge mit Zustimmung des Reichsarbeitsministers unter dem 6. Dezember 1919 aufgestellt hat (vgl. Amtl. Nachrichten des Reichsarbeitsministeriums 1919 Heft 11).

Daneben gibt § 18 der schon bisher vertretenen Auffassung Ausdruck, daß auch die allgemeine Fürsorge auf denjenigen, der seine Gesundheit der Allgemeinheit geopfert oder dessen Ernährer in ihrem Dienste gefallen ist, die gleichen Rücksichten zu nehmen hat, wie auf denjenigen, der infolge der Geldentwertung auf die Fürsorge angewiesen ist.

Zu § 20

Die im § 20 Abs. 2 angeführten Reichsgesetze, die soziale Fürsorge im Sinne des Reichsversorgungsgesetzes[1]) zubilligen, sind:

das Altrentnergesetz vom 18. Juli 1921 in der Fassung vom 30. Juni 1923 (Reichsgesetzbl. I S. 542)[2]),

das Kriegspersonenschädengesetz vom 15. Juli 1922 in der Fassung vom 30. Juni 1923 (Reichsgesetzbl. I S. 545)[3]),

das Wehrmachtversorgungsgesetz vom 4. August 1921 (Reichsgesetzbl. S. 993)[4]) und

das Reichsgesetz über die Schutzpolizei der Länder vom 17. Juli 1922 (Reichsgesetzbl. I S. 597)[5]).

Die Vorschrift im § 20 Abs. 3 entspricht der Ziffer 21 der bisherigen Zuständigkeitsgrundsätze; dabei wird, wie seither, auch künftig soziale Fürsorge vor der Entscheidung über den Versorgungsanspruch in der Regel nur dann in Betracht kommen, wenn auf die Anerkennung des Anspruchs mit Wahrscheinlichkeit gerechnet werden kann.

Zu § 21

Die Bestimmung im § 21 entspricht derjenigen in Ziffer 13 der bisherigen Zuständigkeitsgrundsätze.

Zu § 22

Wie seither (§ 1 der bisherigen Zuständigkeitsgrundsätze), soll auch künftighin die soziale Fürsorge in der Regel nur eintreten, wenn ein ursächlicher Zusammenhang zwischen der erlittenen Dienstbeschädigung

---

[1]) durch Art. 3 des Gesetzes v. 12. Juli 1929 (RGBl. I S. 135) ist nunmehr in diesen Fällen Witwenrente zu gewähren.

[2]) Neufassung nach Bek. v. 22. Dez. 1927 (RGBl. I S. 515 u. 531).

[3]) Neufassung nach Bek. v. 22. Dez. 1927 (RGBl. I S. 515 u. 533).

[4]) i. d. F. v. 19. Sept. 1925 (RGBl. I S. 349).

[5]) aufgehoben durch Gesetz v. 10. Juli 1926 (RGBl. I S. 402).

oder dem Verluste des Ernährers und der zu behebenden Notlage besteht; die Bestimmung, daß bis zum Beweise des Gegenteils ein solcher Zusammenhang vermutet wird, will den berechtigten Wünschen der Kriegsbeschädigten und der bisherigen Verwaltungsübung entgegenkommen. Daß den Beschädigten oder den Hinterbliebenen ein Anspruch auf Rente zusteht, ist nicht unbedingt erforderlich.

Zu § 23

Die soziale Fürsorge ist ihrer Natur nach eine individuelle Ergänzung der Rentenversorgung. Sie erfordert eine wohlwollende Berücksichtigung der Verhältnisse des Kriegsbeschädigten oder der Kriegshinterbliebenen, die nicht unbillig mit Ausgaben belastet werden sollen, die ganz oder überwiegend die Folge der Kriegsbeschädigung oder des Verlustes des Ernährers sind. Die Vorschriften des § 23 dienen diesem Zwecke.

Zu §§ 24—30

Die soziale Fürsorge muß in ihren Leistungen zum Teil erheblich über die der allgemeinen Fürsorge hinausgehen. Ihr Aufgabenkreis ist in den §§ 24—29 in Anlehnung an die Vorschriften in §§ 21 und 22 des Reichsversorgungsgesetzes und Ziffer 1, 11, 12 und 14 der bisherigen Zuständigkeitsgrundsätze bestimmt. Den bisherigen Erfahrungen entsprechend soll die soziale Fürsorge auch künftig die Eingliederung der Kriegsbeschädigten und Kriegshinterbliebenen in das Wirtschaftsleben nachdrücklich fördern und den Waisen und den Kindern Schwerbeschädigter ihre besondere Sorge zuwenden. Während im Rahmen der allgemeinen Fürsorge die Erwerbsbefähigung nicht notwendig die Ausbildung zu einem bestimmten Beruf umfaßt, soll diese Ausbildung in der sozialen Fürsorge die Regel sein.

Zu den Aufgaben der sozialen Fürsorge gehört wie seither auch künftig die Heilfürsorge für nichtversicherte Hinterbliebene (§ 30).

Zu § 31

Die Verpfändung von Versorgungsgebührnissen zur Erlangung von Darlehen ist in § 68 des Reichsversorgungsgesetzes unter bestimmten Voraussetzungen zugelassen. Die Erfahrungen haben gezeigt, daß von dieser Darlehnsmöglichkeit vielfach in einer Weise Gebrauch gemacht wird, die den Belangen der Kriegsbeschädigten und Kriegshinterbliebenen ausreichend dient; § 31 Abs. 1 weist daher auf diese Fürsorgemöglichkeit besonders hin. Selbstverständlich bleibt es der Fürsorge unbenommen, den Kriegsopfern auch Darlehen oder sonstige Unterstützungen gegen anderweitige Sicherheit oder ohne solche zu gewähren, wenn die Darlehensgewährung als angemessene Form der Hilfe anzusehen ist. Im übrigen entspricht es dem Wesen der sozialen Fürsorge, daß sie ihre Hilfe von der Verpflichtung der Zurückzahlung der aufgewendeten Kosten in der Regel nur dann abhängig macht, wenn es mit Rücksicht auf Art und Zweck der Fürsorgeleistung und mit Rücksicht auf die gegenwärtigen oder zu erwartenden wirtschaftlichen Verhältnisse des Hilfesuchenden unbillig wäre, davon abzusehen.

Zu § 32

§ 32 entspricht der Ziffer 15 der bisherigen Zuständigkeitsgrundsätze. Die günstigen Erfahrungen, die mit allgemeinen Einrichtungen gemacht worden sind, die den Kriegsbeschädigten und Kriegshinterbliebenen zugute kommen, lassen den besonderen Hinweis in § 32 auch gegenüber der allgemeinen Bestimmung des § 4 gerechtfertigt erscheinen; in Betracht kommen besonders Einrichtungen auf dem Gebiete der Arbeits- und Wirtschaftsfürsorge sowie der Gesundheits- und Kindererholungsfürsorge.

C. Schlußbestimmungen

Zu § 33

Soweit ein Erwerbsloser Anspruch auf Erwerbslosenfürsorge hat, gelten für ihn die besonderen Vorschriften der Erwerbslosenfürsorge; im Interesse der Vollständigkeit der Grundsätze weist § 33 auf diese Vorschriften hin. Die Bestimmungen über Erwerbslosenfürsorge schließen es nicht aus, daß in besonders gelagerten Fällen ein Empfänger der Erwerbslosenunterstützung oder seine Angehörigen auch aus der allgemeinen Fürsorge unterstützt werden.

Zu § 34

Die Bestimmungen über die Behandlung der Ausländer entsprechen dem bisherigen Rechtszustand. Wegen der sozialen Fürsorge für österreichische Kriegsbeschädigte und Kriegshinterbliebene wird auf den Vertrag zwischen dem Deutschen Reiche und der Republik Österreich vom 17. August 1921 (vgl. Gesetz vom 8. März 1922, Reichsgesetzbl. S. 233) verwiesen.

Zu § 35

Die Reichsgrundsätze stellen *Mindestvorschriften* dar. Sie hindern, wie bereits die Einleitung bemerkt, die Länder und, soweit landesrechtliche Vorschriften nicht entgegenstehen, auch die Fürsorgeverbände nicht, dem Hilfsbedürftigen darüber hinaus Hilfe zu gewähren. Die Länder können auf Grund des § 6 der Fürsorgepflichtverordnung weitergehende Hilfsmaßnahmen allgemein vorschreiben; sie können dabei für alle oder einzelne Gruppen der Hilfsbedürftigen den örtlichen Verhältnissen angepaßte Richtsätze aufstellen und bestimmen, daß die Fürsorge das Einkommen des Hilfsbedürftigen wenigstens auf den Betrag dieser Richtsätze zu ergänzen hat, wenn nicht Tatsachen die Annahme rechtfertigen, daß eine derartige Hilfe nicht nötig ist.

Gewährt ein vorläufig verpflichteter Fürsorgeverband einem Hilfsbedürftigen *im Rahmen der Reichsgrundsätze* Hilfe, so kann er nach § 16 der Fürsorgepflichtverordnung Ersatz von dem endgültig verpflichteten Fürsorgeverband verlangen, und zwar nicht nur für die Hilfe, die die Reichsgrundsätze vorschreiben, sondern auch für diejenige, die sie zulassen (Kannvorschriften).

Gewährt ein Fürsorgeverband *über die Reichsgrundsätze hinaus* Hilfe, so kann er die Mehrkosten von dem Fürsorgeverband eines anderen Landes nicht, von dem Fürsorgeverband des gleichen Landes nur dann verlangen, wenn sich die Hilfe im Rahmen der von den Ländern auf Grund des § 6 der Fürsorgepflichtverordnung erlassenen Vorschriften hält.

5.

Abänderungsgesetze und -verordnungen.

a) Zur Reichsverordnung über die Fürsorgepflicht.

Gesetz über Abänderung der Reichsverordnung über die Fürsorgepflicht.

Vom 8. Juni 1926.

(RGBl. I S. 255).

Der Reichstag hat das folgende Gesetz beschlossen, das mit Zustimmung des Reichsrats hiermit verkündet wird:

Artikel 1. Die Reichsverordnung über die Fürsorgepflicht vom 13. Februar 1924 (Reichsgesetzbl. I S. 100) wird wie folgt geändert:

1. a) Im § 3 werden zwischen Abs. 2 und Abs. 3 folgende neue Absätze eingefügt:

Gegen Ablehnung der Fürsorge sowie gegen Festsetzung ihrer Art und Höhe muß Beschwerde zugelassen werden.

Bei der Durchführung der Fürsorge muß wenigstens in einem Rechtszug sowie bei der Aufstellung von Richtlinien und Richtsätzen die Beteiligung von Fürsorgeberechtigten gesichert sein. An Stelle von Fürsorgeberechtigten können auch Vertreter derselben, insbesondere solche ihrer Vereinigungen oder von Vereinen, die Hilfsbedürftige betreuen, herangezogen werden.

b) Im § 3 Abs. 2 werden die Worte „in welcher Weise Personen" bis „ferner" gestrichen.

2 § 6 erhält folgende Absätze 3 und 4:

Die oberste Landesbehörde oder die von ihr bestimmten Stellen setzen den örtlichen Verhältnissen angepaßte Richtsätze für die Bemessung des notwendigen Lebensunterhalts der Hilfsbedürftigen fest. Für Sozial- und Kleinrentner und ihnen Gleichstehende müssen diese Sätze so bemessen sein, daß der Hilfsbedürftige gegenüber der allgemeinen Fürsorge eine angemessene Mehrleistung erhält. Diese Mehrleistung soll, soweit nicht nach § 84 des Aufwertungsgesetzes vom 16. Juli 1925 und § 26 des Gesetzes über die Ablösung öffentlicher Anleihen vom gleichen Tage (Reichsgesetzbl. I S. 117 und 137) eine weitergehende Erhöhung einzutreten hat, in der Regel wenigstens ein Viertel des allgemeinen Richtsatzes betragen.

Die oberste Landesbehörde oder die von ihr bestimmten Stellen setzen ferner den örtlichen Verhältnissen angepaßte Einkommenssätze fest, bei deren Nichterreichung eine Wöchnerin Wochenfürsorge stets dann erhält, wenn nicht Tatsachen die Annahme rechtfertigen, daß die Hilfe nicht benötigt wird.

3. § 32 Abs. 3 wird aufgehoben.

Artikel 2. Dieses Gesetz tritt am Tage nach der Verkündung in Kraft. Es tritt an die Stelle des vom Reichstag am 14. Juli 1925 beschlossenen Gesetzes zur Abänderung der Fürsorgepflichtverordnung.[1])

b) Zum Unterstützungswohnsitzgesetz.

Gesetz über das Verfahren vor dem Bundesamt für das Heimatwesen.

Vom 7. Dezember 1928.

(RGBl. I S. 401).

Der Reichstag hat das folgende Gesetz beschlossen, das mit Zustimmung des Reichsrats hiermit verkündet wird:

Artikel I. Die nach § 29 Satz 2 der Verordnung über die Fürsorgepflicht vom 13. Februar 1924 (Reichsgesetzbl. I S. 100) für das Fürsorgestreitverfahren maßgebenden Vorschriften des Gesetzes über den Unterstützungswohnsitz vom 30. Mai 1908 (Reichsgesetzbl. S. 381) werden wie folgt geändert:

1. § 49 erhält folgende Fassung:

„Aufklärungen, die das Bundesamt vor der Entscheidung für nötig hält, hat auf sein Ersuchen die Behörde zu vermitteln, deren Entscheidung angefochten ist. Das Bundesamt kann sie auch selbst vornehmen."

2. § 50 Abs. 1 erhält folgende Fassung:

„Das Bundesamt entscheidet gebührenfrei. Es kann eine mündliche Verhandlung anordnen; auf Antrag eines Beteiligten muß dies geschehen. Die mündliche Verhandlung ist öffentlich."

Artikel II. Das Gesetz findet auch auf die bei seinem Inkrafttreten anhängigen Streitsachen Anwendung.

---

[1]) Das Reichsgesetzblatt enthält zu diesem Artikel folgende Fußnote: „Dieses wegen verfassungsrechtlicher Bedenken (Nr. 1464, 1483, 1696, 1774, 2127 der Drucksachen des Reichstags, III. Wahlperiode) nicht verkündete Gesetz bestimmte:

Die Verordnung über die Fürsorgepflicht wird wie folgt geändert:

Einziger Artikel.

Der § 6 im Abschnitt B erhält folgenden Absatz 3:

Bei der Festsetzung von Unterstützungen öffentlich-rechtlicher Art bleiben von dem Einkommen der Hilfsbedürftigen aus den Bezügen auf Grund der sozialen Versicherungsgesetze und der Fürsorgegesetze mindestens drei Viertel des Betrags, bis zu 270 Reichsmark, außer Ansatz."

c) Zu den Reichsgrundsätzen.

aa) Verordnung zur Änderung der Reichsgrundsätze über Voraussetzung, Art und Maß der öffentlichen Fürsorge.

Vom 7. September 1925.[1]

(RGBl. I S. 332).

Auf Grund des § 6 Abs. 2 der Verordnung über die Fürsorgepflicht vom 13. Februar 1924 (Reichsgesetzbl. I S. 100) werden mit Zustimmung des Reichsrats die Grundsätze über Voraussetzung, Art und Maß der öffentlichen Fürsorge vom 4. Dezember 1924 (Reichsgesetzbl. I S. 765) wie folgt ergänzt:

Hinter § 33 wird eingefügt:

§ 33 a. (1) Die oberste Landesbehörde oder die von ihr bestimmten Stellen setzen den örtlichen Verhältnissen angepaßte Richtsätze für die Bemessung des notwendigen Lebensunterhalts der Hilfsbedürftigen fest. Für Sozial- und Kleinrentner und ihnen Gleichstehende (§§ 14 bis 17) müssen diese Sätze so bemessen sein, daß der Hilfsbedürftige entsprechend den Bestimmungen der §§ 14 und 16 gegenüber der allgemeinen Fürsorge eine angemessene Mehrleistung erhält. Diese Mehrleistung soll, soweit nicht nach § 84 des Aufwertungsgesetzes vom 16. Juli 1925 und § 26 des Gesetzes über die Ablösung öffentlicher Anleihen vom gleichen Tage (Reichsgesetzbl. I S. 117 und 137) eine weitergehende Erhöhung einzutreten hat, in der Regel wenigstens ein Viertel des allgemeinen Richtsatzes betragen.

(2) Die oberste Landesbehörde oder die von ihr bestimmten Stellen setzen ferner den örtlichen Verhältnissen angepaßte Einkommenssätze fest, bei deren Nichterreichung eine Wöchnerin Wochenfürsorge (§ 12) stets dann erhält, wenn nicht Tatsachen die Annahme rechtfertigen, daß die Hilfe nicht benötigt wird.

bb) Verordnung zur Aufhebung der Verordnung zur Änderung der Reichsgrundsätze über Voraussetzung, Art und Maß der öffentlichen Fürsorge.

Vom 8. Juni 1926.

(RGBl. I S. 256).

Auf Grund des § 6 Abs. 2 der Verordnung über die Fürsorgepflicht vom 13. Februar 1924 (Reichsgesetzbl. I S. 100) wird mit dem Zeitpunkt, zu dem das Gesetz über Änderung der Reichsverordnung über

---

[1]) aufgehoben durch V. v. 8. Juni 1926, abgedr. S. 45 unten.

die Fürsorgepflicht vom 8. Juni 1926 (Reichsgesetzbl. I S. 255) in Kraft tritt, die Verordnung zur Änderung der Reichsgrundsätze über Voraussetzung, Art und Maß der öffentlichen Fürsorge vom 7. September 1925 (Reichsgesetzbl. I S. 332) mit Zustimmung des Reichsrats aufgehoben.

cc) Verordnung zur Änderung der Reichsgrundsätze über Voraussetzung, Art und Maß der öffentlichen Fürsorge.

Vom 29. März 1928.

(RGBl. I S. 138).

Auf Grund des § 6 Abs. 2 der Verordnung über die Fürsorgepflicht vom 13. Februar 1924 (Reichsgesetzbl. I S. 100) in der Fassung des Gesetzes vom 8. Juni 1926 (Reichsgesetzbl. I S. 255) und des § 1 der Verordnung über die soziale Kriegsbeschädigten- und Kriegshinterbliebenenfürsorge vom 8. Februar 1919 (Reichsgesetzbl. S. 187) in der Fassung des § 34 der Verordnung über die Fürsorgepflicht und in Verbindung mit den §§ 21 bis 23 des Reichsversorgungsgesetzes in der Fassung vom 22. Dezember 1927 (Reichsgesetzbl. I S. 515) werden mit Zustimmung des Reichsrats die Grundsätze über Voraussetzung, Art und Maß der öffentlichen Fürsorge vom 4. Dezember 1924 (Reichsgesetzbl. I S. 765) wie folgt geändert:

Artikel I. 1. Im § 15 Abs. 1 wird das Wort „soll" durch „darf" ersetzt; das Wort „insbesondere" wird gestrichen.

2. Im § 15 Abs. 1 erhält der Buchstabe a folgende Fassung:

a) eines kleineren Vermögens; als solches gilt ein Kapitalvermögen jedenfalls dann, wenn sein jährlicher Ertrag hinter dem doppelten Monatsbetrage des erhöhten Richtsatzes zurückbleibt.

3. § 15 Abs. 2 erhält folgende Fassung:

Die Sicherstellung des Ersatzes sowie der Verbrauch oder die Verwertung sonstigen Vermögens darf nur verlangt werden, wenn dies keine besondere Härte für den Hilfsbedürftigen oder seine unterhaltsberechtigten Angehörigen bedeutet.

Artikel II. Hinter § 15 wird folgender § 15a eingefügt:

§ 15a. Die Fürsorge muß Kleinrentnern über 65 Jahre zur Deckung des notwendigen Lebensunterhalts mindestens den erhöhten Richtsatz (§ 6 Abs. 3 Satz 2 der Verordnung über die Fürsorgepflicht) sicherstellen. Freiwillige Zuwendungen Dritter und Arbeitsverdienst (§ 8 Abs. 4 und 5) dürfen hierauf nur mit Zustimmung der von der obersten Landesbehörde bestimmten Stelle in Anrechnung gebracht werden; auch die Sicherstellung des Ersatzes (§ 15 Abs. 2) bedarf dieser Zustimmung.

Artikel III. Im § 16 Satz 1 wird hinter den Worten „die Kleinrentner" eingefügt „(§§ 14 bis 15 a)".

Artikel IV. Im § 18 Abs. 1 tritt an die Stelle von „(§§ 14 und 15)" „(§§ 14 bis 15 a)".

Artikel V. Im § 30 wird folgender zweiter Satz angefügt: Als hilfsbedürftig gelten insbesondere die Hinterbliebenen, denen Zusatzrente nach dem Reichsversorgungsgesetze gewährt wird.

Artikel VI. Die Vorschriften des Art. II treten am 1. Juli 1928, die übrigen Vorschriften am Tage nach der Verkündung [1]) in Kraft.

II. Landesrecht.

1.

Fürsorgegesetz (FürsG.)

Bayerisches Ausführungsgesetz zur Reichsverordnung über die Fürsorgepflicht (RFV.) [2])

Der Landtag des Freistaates Bayern hat das folgende Gesetz beschlossen:

I. Fürsorgeverbände.

Art. 1. I Bezirksfürsorgeverbände sind die kreisunmittelbaren Gemeinden, die Bezirke und im Umfange des Abs. II die mittelbaren Gemeinden.

II Die mittelbaren Gemeinden sind Bezirksfürsorgeverbände (Ortsfürsorgeverbände) für die allgemeine Fürsorge (Armenfürsorge) und die Fürsorge für hilfsbedürftige Minderjährige, soweit für diese nicht eine anderweitige Fürsorge nach § 1 Abs. 1 RFV. Platz greift. Für die in Wohnung und Haushalt zusammenlebenden Familienmitglieder ist der Bezirk Bezirksfürsorgeverband, wenn in der Person eines Ehegatten oder Elternteiles die Voraussetzungen des § 1 Abs. 1 Buchst. a bis c RFV. erfüllt sind; Familienmitglieder im Sinne dieser Vorschrift sind Ehegatten und Verwandte auf- und absteigender Linie.

Art. 2. I Eine kreisunmittelbare Gemeinde, die einem Bezirk angehört, ist selbständiger Bezirksfürsorgeverband. Zu dem durch Umlagen

---

[1]) verkündet im RGBl. 1928 I Nr. 16, ausgegeben zu Berlin, den 5. April 1928.

[2]) In der Fassung des Beschlusses der Vollversammlung des Landtages in der Sitzung vom 28. Februar 1930.

zu deckenden Aufwande dieses Bezirksfürsorgeverbandes sind die Umlagenpflichtigen dieser Gemeinde, zu dem des Bezirksfürsorgeverbandes des Bezirkes die Umlagenpflichtigen der übrigen Gemeinden heranzuziehen. In den Bezirksfürsorgeausschuß (Art. 17) können Mitglieder des Bezirkstages, die in der kreisunmittelbaren Gemeinde ihren Wohnsitz haben, nicht berufen werden; diese Mitglieder nehmen auch an der Beschlußfassung des Bezirkstages und Bezirksausschusses in Angelegenheiten des Bezirksfürsorgeverbandes des Bezirkes nicht teil; die übrigen Mitglieder des Bezirkstages und Bezirksausschusses bilden für diese Angelegenheiten den Bezirkstag und Bezirksausschuß.

II Wird einer Gemeinde die Kreisunmittelbarkeit verliehen, ohne daß sie aus dem Bezirk ausscheidet, oder wird eine kreisunmittelbare Gemeinde in den Bezirk aufgenommen (Art. 39 der Bezirksordnung), so kann bestimmt werden, daß sie Bezirksfürsorgeverband nur für die Aufgaben des Art. 1 Abs. II Satz 1 ist.

Art. 3. I Nach Art. 133 bis 138 der Gemeindeordnung und Art. 45 Ziff. 2 der Bezirksordnung können Gesamtbezirksfürsorgeverbände gebildet werden.

II Das Staatsministerium des Innern oder die von ihm ermächtigte Kreisregierung kann die Bildung eines Gesamtbezirksfürsorgeverbandes anordnen, wenn die Kreisregierung ein dringendes öffentliches Bedürfnis hierfür festgestellt hat. Kommen mehrere Kreisregierungen in Betracht, so bestimmt das Staatsministerium des Innern die zuständige Kreisregierung. Gegen die Entscheidung der Kreisregierung können die beteiligten Gemeinden und Bezirke binnen vierzehn Tagen Beschwerde zum Verwaltungsgerichtshof erheben. Dieser entscheidet im verwaltungsgerichtlichen Verfahren endgültig als Schiedsgericht nach billigem Ermessen. Das Staatsministerium des Innern oder die von ihm ermächtigte Kreisregierung regelt die Verfassung des Gesamtbezirksfürsorgeverbandes durch eine Satzung.

Art. 4. Landesfürsorgeverbände sind die Kreise, für die in Art. 12 Abs. I bezeichneten Aufgaben der Staat.

II. Aufgaben der Fürsorgeverbände, Entlastung der Fürsorgeverbände, Leistungen des Staates.

Art. 5. I Die nach § 12 Abs. 2 und 3 und § 13 RFV. (Fürsorge für deutsche Rückwanderer und für Ausländer im Inlande) dem Land obliegenden Verbindlichkeiten sind von den Landesfürsorgeverbänden zu erfüllen.

II Zur endgültigen Fürsorge für bayerische Staatsangehörige oder staatlose ehemalige bayerische Staatsangehörige nach § 12 Abs. 2 und 3 RFV. ist der Landesfürsorgeverband verpflichtet, in dessen Gebiete der Hilfsbedürftige geboren ist. Ist der Hilfsbedürftige außerhalb Bayerns geboren, so richtet sich die Zuständigkeit des Landesfürsorgeverbandes bei Personen ehelicher und dieser gleichgestellter Abstammung nach dem bayerischen Geburtsorte des Vaters, bei Personen unehelicher Abstammung nach dem bayerischen Geburtsorte der Mutter. Bei weiblichen Hilfsbedürftigen, deren bayerische Staatsangehörigkeit durch Eheschließung erworben ist, richtet sich die Zuständigkeit des endgültig verpflichteten Landesfürsorgeverbandes nach den für den letzten Ehemann bayerischer Staatsangehörigkeit maßgebenden Verhältnissen, auch wenn die Ehe nicht mehr besteht. Ist ein solcher Landesfürsorgeverband nicht vorhanden oder nicht zu ermitteln, so ist der Landesfürsorgeverband endgültig verpflichtet, in dessen Gebiete nach Eintritt in das Land die Hilfsbedürftigkeit zuerst hervorgetreten ist.

III Für die zusammen aus dem Ausland in das Reichsgebiet übertretenden Familienmitglieder ist endgültig zur Fürsorge der Landesfürsorgeverband verpflichtet, der für das älteste bayerische oder staatlose ehemals bayerische Familienmitglied zur Fürsorge verpflichtet ist. Famlienmitglieder im Sinne dieser Bestimmung sind Ehegatten, Verwandte und Verschwägerte auf- und absteigender Linie, Geschwister und Halbgeschwister.

IV Ist ein hiernach endgültig verpflichteter Landesfürsorgeverband nicht vorhanden oder nicht zu ermitteln, so bestimmt ihn das Staatsministerium des Innern. Soweit das Land Bayern von der Reichsregierung oder der von ihr bestimmten Stelle gemäß § 12 Abs. 2 RFV. als endgültig zur Fürsorge verpflichtet erklärt worden ist, bestimmt das Staatsministerium des Innern den endgültig verpflichteten Landesfürsorgeverband.

V Die Ersatzpflicht nach § 13 RFV. obliegt dem Landesfürsorgeverbande, zu dem der vorläufig verpflichtete Bezirksfürsorgeverband gehört.

VI Der Staat ersetzt den Landesfürsorgeverbänden zwei Drittel ihres Aufwandes nach Abs. I. Soweit das Reich dem Lande die vollen Kosten erstattet, ersetzt der Staat den Landesfürsorgeverbänden den vollen Aufwand.

Art. 6. I Aufgabe der Landesfürsorgeverbände ist die Fürsorge

1. für hilfsbedürftige Geisteskranke, Geistesschwache, Blöde, Epileptische, Blinde, Taubstumme, Krüppelhafte und unheilbare abschreckend oder ansteckend kranke Sieche, soweit sie wegen besonderer in ihrer Person begründeter Verhältnisse der Anstaltsversorgung bedürfen,
2. für die Erziehung und Ausbildung hilfsbedürftiger schwachsinniger, blinder, taubstummer, hörstummer und krüppelhafter Minderjähriger, soweit sie bildungsfähig sind und der Unterbringung in Anstalten bedürfen.

II Die Verpflichtung des Landesfürsorgeverbandes beginnt in den Fällen des Abs. I mit dem Zeitpunkt, in dem beim Landesfürsorgeverbande der mit den erforderlichen Nachweisen belegte Antrag des Bezirksfürsorgeverbandes auf Übernahme des Hilfsbedürftigen eingeht. Ist die sofortige Verbringung des Hilfsbedürftigen in die Anstalt erforderlich, so genügt es, wenn die Nachweise innerhalb eines Monats, vom Eingange des Übernahmeantrages an gerechnet, nachgebracht werden. Als Anstaltsversorgung im Sinne des Abs. I Ziff. 1 gilt auch der Anstaltsaufenthalt zur Beobachtung und Untersuchung, wenn als Ergebnis die Voraussetzungen des Abs. I Ziff. 1 festgestellt werden.

III Verpflichtet ist zunächst der Landesfürsorgeverband, zu dessen Bezirke der vorläufig verpflichtete Bezirksfürsorgeverband gehört. Er kann Übernahme des Hilfsbedürftigen und Ersatz der aufgewendeten Kosten von dem Landesfürsorgeverbande beanspruchen, zu dessen Bezirke der endgültig verpflichtete Bezirksfürsorgeverband gehört.

IV Die Landesfürsorgeverbände können mit Genehmigung des Staatsministeriums des Innern noch weitere Fürsorgeaufgaben übernehmen.

V Der endgültig verpflichtete Bezirksfürsorgeverband hat in den Fällen des Abs. I ein Fünftel und in den Fällen des Abs. IV, soweit es sich um Pflichtaufgaben der Bezirksfürsorgeverbände handelt, mindestens ein Viertel des reinen Fürsorgeaufwandes dem Landesfürsorgeverbande zu erstatten.

Art. 7. I Die Landesfürsorgeverbände können Personen, die ihrer Fürsorge anheimfallen, gegen vollen Ersatz des gesetzlich notwendigen Aufwandes den Bezirksfürsorgeverbänden des Kreises überweisen, die für sie vorläufig fürsorgepflichtig sind. Personen, die der Anstaltspflege bedürfen, können nur überwiesen werden, soweit Zweck und Raumverhältnisse der den Bezirksfürsorgeverbänden zur Verfügung stehenden Anstalten dies zulassen.

II Die Landesfürsorgeverbände haben auf Antrag eines Bezirksfürsorgeverbandes des Kreises Personen, die der Fürsorge des Bezirksfürsorgeverbandes anheimfallen, gegen vollen Ersatz des gesetzlich notwendigen Aufwandes in den zu ihrer Verfügung stehenden Anstalten aufzunehmen, soweit es deren Zweck und Raumverhältnisse zulassen.

Art. 8. I Die Landesfürsorgeverbände gewähren auf Antrag an unverhältnismäßig belastete leistungsschwache Bezirksfürsorgeverbände Zuschüsse.

II Das Staatsministerium des Innern stellt nach Anhörung der Kreise, Bezirke und Gemeinden oder ihrer Vereinigungen Grundsätze über die Zuschußleistung auf.

Art. 9. Die Landesfürsorgeverbände erhalten Staatszuschüsse nach Bestimmung des Staatshaushaltes. Die Grundsätze zur Verteilung der Mittel werden vom Staatsministerium des Innern nach Anhörung der Kreise und der Landesfürsorgeverbände oder ihrer Vereinigungen aufgestellt.

Art. 10. Soweit zur ordnungsmäßigen Durchführung der den Gemeinden als Bezirksfürsorgeverbänden obliegenden öffentlichen Fürsorge Einrichtungen notwendig sind und diese nicht anderweitig, insbesondere seitens der freien Wohlfahrtspflege, zur Verfügung stehen oder beschafft werden können, sind die Gemeinden verpflichtet sie zu schaffen und zu unterhalten.

Art. 11. Die Bezirksfürsorgeverbände und die Landesfürsorgeverbände können zur Erfüllung einzelner ihnen zukommender Aufgaben Zweckverbände nach Art. 133 bis 139 der Gemeindeordnung, Art. 45 Ziff. 2 der Bezirksordnung und Art. 42 Ziff. 2 der Kreisordnung bilden.

Art. 12. I Aufgabe des Staates als Landesfürsorgeverbandes ist die Beteiligung an der Kriegsbeschädigten- und Kriegshinterbliebenenfürsorge, insbesondere der Erziehungs-, Berufs- und Gesundheitsfürsorge für Kriegerwaisen und Kinder Schwerkriegsbeschädigter, der Siechenfürsorge und der Fürsorge für sonstige Schwerstbeschädigte, die Beteiligung an der Arbeitsfürsorge für Schwerbeschädigte und Schwererwerbsbeschränkte nach § 1 Abs. 1 Buchst. d RFV.

II Der Staat beteiligt sich ferner nach Bestimmung des Staatshaushaltes an der Förderung allgemeiner Einrichtungen der Fürsorge.

III. Verwaltung der Fürsorgeverbände.

a) Bezirksfürsorgeverbände der kreisunmittelbaren Gemeinden.

Art. 13. I Der Bezirksfürsorgeverband der kreisunmittelbaren Gemeinde wird von einem beschließenden Ausschusse nach Art. 22 Abs. II der Gemeindeordnung (Wohlfahrtsausschuß) verwaltet, dem neben dem ersten Bürgermeister und den Stadtratsmitgliedern als stimmberechtigte Mitglieder angehören:

1. der Bezirksarzt;
2. je ein Pfarrer der Katholischen Kirche, der Evangelisch-lutherischen Kirche in Bayern rechts des Rheins, der reformierten Kirche in Bayern rechts des Rheins, der Vereinigten protestantisch-evangelisch-christlichen Kirche der Pfalz (Pfälzischen Landeskirche), soweit Pfarreien dieser Bekenntnisse in der Gemeinde ihren Sitz haben;
3. der Rabbiner, wenn ein solcher in der Gemeinde seinen Sitz hat, andernfalls ein abgeordnetes Mitglied der israelitischen Kultusverwaltung (in der Pfalz des Synagogen-Ausschusses), wenn eine solche in der Gemeinde ihren Sitz hat;
4. Vertreter der in der Gemeinde tätigen Vereinigungen der freien Wohlfahrtspflege in der Zahl der Hälfte der Stadtratsmitglieder des Wohlfahrtsausschusses.

II Haben mehrere Bezirksärzte im Gemeindebezirk ihren Sitz, so bestimmt die vorgesetzte Dienstbehörde das Mitglied. Wenn in der Gemeinde mehrere Pfarreien des gleichen Bekenntnisses ihren Sitz haben oder wenn in einer Pfarrei mehrere Pfarrer angestellt sind, so bestimmt die kirchliche Oberbehörde das Mitglied. Sind in der Gemeinde mehrere Rabbiner angestellt, so bestimmt die israelitische Kultusverwaltung, in der Pfalz der Synagogen-Ausschuß, das Mitglied. Die Stellvertreter im Pfarramte, ferner die mit vollen pfarrlichen Rechten ausgestatteten Seelsorgegeistlichen stehen den Pfarrern gleich.

III In den Angelegenheiten der Kriegsbeschädigten- und Kriegshinterbliebenenfürsorge, insbesondere bei der Aufstellung von Grundsätzen, Richtlinien und Richtsätzen sind zum Wohlfahrtsausschusse Vertreter der Kriegsbeschädigten und Kriegshinterbliebenen als stimmberechtigte Mitglieder beizuziehen. Ihre Zahl beträgt die Hälfte der Vertreter der Vereinigungen der freien Wohlfahrtspflege (Abs. I Ziff. 4), jedoch mindestens zwei.

IV Bei der Aufstellung von Richtlinien und Richtsätzen für die Durchführung der übrigen Fürsorge ist ein Ausschuß von Vertretern der Fürsorgeberechtigten zu hören; diesem müssen Vertreter der Sozialrentner und Kleinrentner angehören.

V Der Stadtrat beruft die Mitglieder nach Abs. I Ziff. 4 und Abs. III und ebensoviele Stellvertreter auf die Dauer seiner Wahlzeit nach den Vorschlägen der Vereinigungen. Die Mitglieder müssen die Voraussetzungen der Wählbarkeit zu Gemeindeämtern mit Ausnahme des Erfordernisses eines zwölfmonatigen Aufenthalts erfüllen und in der kreisunmittelbaren Gemeinde ihren Wohnsitz haben. Der Wohnsitz in einem unmittelbar benachbarten Bezirksfürsorgeverbande steht dem Wohnsitz in der kreisunmittelbaren Gemeinde gleich. Für die Mitglieder gelten die Vorschriften der Gemeindeordnung über ehrenamtliche Gemeinderatsmitglieder entsprechend.

VI Vorschlagsberechtigt für die Vertreter der Vereinigungen der freien Wohlfahrtspflege und ihre Stellvertreter sind Vereinigungen, die sich seit mindestens drei Jahren mit Wohlfahrtspflege im Gemeindebezirke befassen und eine entsprechende Zahl von Mitgliedern aufweisen. Ihre Vorschläge sind nach Umfang und Bedeutung des Wirkens der Vereinigung zu berücksichtigen. Den Vereinigungen steht, soweit ihre Vorschläge nicht zugelassen oder nicht berücksichtigt werden, binnen vierzehn Tagen, von der Zustellung der Entscheidung an gerechnet, die Beschwerde zur Kreisregierung offen. Diese entscheidet endgültig. Liegen keine Vorschläge im Sinne vorstehender Bestimmung vor, so beruft der Stadtrat die Vertreter nach freiem Ermessen.

VII Für den Vorschlag der Vertreter der Kriegsbeschädigten und Kriegshinterbliebenen gilt Abs. VI entsprechend.

VIII Der Stadtrat bestimmt die Zahl der Ausschußmitglieder nach Abs. IV und beruft sie und ebensoviele Stellvertreter für die Dauer seiner Wahlzeit. Vereinigungen von Sozialrentnern und Kleinrentnern, die seit mindestens drei Jahren im Gemeindebezirke bestehen und eine entsprechende Zahl von Mitgliedern aufweisen, sind zum Vorschlage berechtigt. Andere Verbände können unter derselben Voraussetzung vom Stadtrate zum Vorschlage zugelassen werden. In Ermangelung von Vorschlägen beruft der Stadtrat die Vertreter nach freiem Ermessen. Für die Vertreter gilt Abs. V Satz 2 bis 4 entsprechend.

IX Für den Wohlfahrtsausschuß gilt nicht Art. 22 Abs. III Satz 2 und 3 und Abs. VI der Gemeindeordnung. Die Verhandlungen des Wohlfahrtsausschusses und des Ausschusses nach Abs. IV sind nicht öffentlich.

Art. 14. I Für die Durchführung der Fürsorge können in kreisunmittelbaren Gemeinden Wohlfahrtsbezirke gebildet werden.

II Die Bildung und Verwaltung von Wohlfahrtsbezirken sowie die Geschäftsverteilung und der Geschäftsgang werden nach Anhörung des Wohlfahrtsausschusses vom Stadtrate geregelt. Zur Verwaltung der Wohlfahrtsbezirke sind Vertreter der Pfarreien (Art. 13 Abs. I Ziff. 2) und der Vereinigungen der freien Wohlfahrtspflege (Art. 13 Abs. I Ziff. 4) beizuziehen.

III Zur Durchführung der Fürsorge können Pfleger widerruflich bestellt werden. Das Nähere wird nach Anhörung des Wohlfahrtsausschusses vom Stadtrate geregelt. Die Pfleger werden vom Wohlfahrtsausschusse berufen; sie müssen zu Gemeindeämtern wählbar sein; sie sollen insbesondere auch den Kreisen der freien Wohlfahrtspflege und, soweit möglich, auch den Vereinigungen der Fürsorgeberechtigten entnommen werden.

Art. 15. I Zur Beschlußfassung über Anträge Hilfsbedürftiger auf Fürsorgeleistungen ist ein Spruchausschuß zu bilden. Er besteht aus dem Vorsitzenden des Wohlfahrtsausschusses und nach Bestimmung des Wohlfahrtsausschusses aus drei oder sechs Beisitzern, die den Gruppen der Stadtratsmitglieder, der Vertreter der Vereinigungen der freien Wohlfahrtspflege und der Vertreter der Fürsorgeberechtigten in gleicher Zahl zu entnehmen sind. Die Beisitzer des Spruchausschusses und die erforderliche Zahl von Stellvertretern werden vom Wohlfahrtsausschuß auf die Dauer seiner Wahlzeit aus den Stadtratsmitgliedern des Wohlfahrtsausschusses, den Vertretern der Vereinigungen der freien Wohlfahrtspflege und der Kriegsbeschädigten und Kriegshinterbliebenen (Art. 13 Abs. I Ziff. 4, Abs. III) sowie aus den Mitgliedern des Ausschusses nach Art. 13 Abs. IV berufen. Für Angelegenheiten der Kriegsbeschädigten- und Kriegshinterbliebenenfürsorge sind die Vertreter der Fürsorgeberechtigten den Vertretern der Kriegsbeschädigten und Kriegshinterbliebenen zu entnehmen.

II Der Vorsitzende des Spruchausschusses kann über die Anträge Hilfsbedürftiger auf Fürsorgeleistungen eine Vorentscheidung treffen. Gegen die Vorentscheidung steht den Beteiligten binnen vierzehn Tagen, von der Zustellung an gerechnet, der Einspruch zum Spruchausschusse zu. Auf das Einspruchsrecht ist in der Vorentscheidung hinzuweisen.

III Für die Geschäftsführung des Spruchausschusses gelten die für den Wohlfahrtsausschuß maßgebenden Bestimmungen entsprechend. Der Vorsitzende des Spruchausschusses kann die Entscheidung der Staatsaufsichtsbehörde herbeiführen, sofern der Beschluß gesetzlichen Bestimmungen zuwiderläuft.

Art. 16. Der Wohlfahrtsausschuß kann die Verwaltung einzelner Aufgaben dem Vorsitzenden oder einem Unterausschuß übertragen, insoweit sie nicht dem Spruchausschusse vorbehalten sind. Für die Stadtratsmitglieder der Unterausschüsse gilt Art. 22 Abs. IV Satz 2 der Gemeindeordnung entsprechend. Außerdem sind bei der Zusammensetzung der Unterausschüsse, soweit möglich, die einzelnen Gruppen des Wohlfahrtsausschusses zu berücksichtigen.

b) Bezirksfürsorgeverbände der Bezirke.

Art. 17. I Der Bezirksfürsorgeverband des Bezirkes wird von einem besonderen Ausschusse nach Art. 24 der Bezirksordnung (Bezirksfürsorgeausschuß) verwaltet. Der Bezirksamtsvorstand ist Vorsitzender und stimmberechtigtes Mitglied des Bezirksfürsorgeausschusses; er kann einen seiner Stellvertreter mit seiner ständigen Vertretung beauftragen.

II Art. 13 Abs. I Ziff. 1 und 4, Abs. II Satz 1, Abs. III, IV, V Satz 1, Abs. VI, VII, VIII Satz 1 bis 4 gelten entsprechend mit der Maßgabe, daß die Zahl der Vertreter der Vereinigungen der freien Wohlfahrtspflege ein Drittel der Bezirkstagsmitglieder beträgt. Die Vertreter der Vereinigungen der freien Wohlfahrtspflege und der Kriegsbeschädigten und Kriegshinterbliebenen sowie die Vertreter der Fürsorgeberechtigten nach Art. 13 Abs. IV müssen die Voraussetzungen der Wählbarkeit zum Bezirkstage mit Ausnahme des Erfordernisses eines sechsmonatigen Aufenthalts erfüllen und im Bezirk ihren Wohnsitz haben. Der Wohnsitz in einer unmittelbar benachbarten kreisunmittelbaren Gemeinde steht dem Wohnsitz im Bezirke gleich. Für die Mitglieder nach Satz 2 gelten die Bestimmungen der Bezirksordnung über Bezirkstagsmitglieder entsprechend.

III Weiter gehören dem Bezirksfürsorgeausschuß an je ein Pfarrer der Katholischen Kirche, der Evangelisch-lutherischen Kirche in Bayern rechts des Rheins, der reformierten Kirche in Bayern rechts des Rheins, der Vereinigten protestantisch-evangelisch-christlichen Kirche der Pfalz (Pfälzischen Landeskirche), soweit Pfarreien dieser Bekenntnisse im Bezirk oder in einer unmittelbar benachbarten kreisunmittelbaren Gemeinde oder soweit Tochtergemeinden auswärtiger Pfarreien dieser Bekenntnisse im Bezirk ihren Sitz haben. Art. 13 Abs. II Satz 2 und 4 gelten entsprechend.

Art. 18. Art. 15 und 16 gelten entsprechend.

c) Bezirksfürsorgeverbände der mittelbaren Gemeinden (Ortsfürsorgeverbände).

Art. 19. I Der Bezirksfürsorgeverband der mittelbaren Gemeinde (Ortsfürsorgeverband) wird von einem beschließenden Ausschusse nach Art. 22 Abs. II der Gemeindeordnung (Ortsfürsorgeausschuß) verwaltet. Dem Ortsfürsorgeausschusse gehören neben dem ersten Bürgermeister und den Gemeinderatsmitgliedern an:

1. der Bezirksarzt, wenn er in der Gemeinde seinen Sitz hat;
2. der Pfarrer der Katholischen Kirche, der Evangelisch-lutherischen Kirche in Bayern rechts des Rheins, der reformierten Kirche in Bayern rechts des Rheins, der Vereinigten protestantisch-evangelisch-christlichen Kirche der Pfalz (Pfälzischen Landeskirche), soweit die Pfarreien in der Gemeinde ihren Sitz haben oder soweit Pfarreien mit auswärtigem Sitze mindestens ein Viertel der Wohnbevölkerung der Gemeinde umfassen;
3. der Rabbiner, wenn ein solcher in der Gemeinde seinen Sitz hat, andernfalls ein abgeordnetes Mitglied der israelitischen Kultusverwaltung (in der Pfalz des Synagogen-Ausschusses), wenn eine solche in der Gemeinde ihren Sitz hat.

II Die Stellvertreter im Pfarramte sowie die mit vollen pfarrlichen Rechten ausgestatteten Seelsorgegeistlichen stehen den Pfarrern gleich. In Gemeinden, die ganz oder teilweise zu einem Seelsorgebezirke gehören, für den ein eigener Geistlicher bestellt ist, kann die kirchliche Oberbehörde diesen an Stelle des nach Abs. I Ziff. 2 berufenen Pfarrers in den Ortsfürsorgeausschuß abordnen. Sind in einer Pfarrei mehrere Pfarrer angestellt, so bestimmt die kirchliche Oberbehörde das Mitglied. Sind in der Gemeinde mehrere Rabbiner angestellt, so bestimmt die israelitische Kultusverwaltung, in der Pfalz der Synagogen-Ausschuß, das Mitglied.

III Zur Beschlußfassung über Anträge Hilfsbedürftiger auf Fürsorgeleistungen sind zum Ortsfürsorgeausschuß als Vertreter der Fürsorgeberechtigten weitere stimmberechtigte Mitglieder, insbesondere auch aus den Kreisen der freien Wohlfahrtspflege beizuziehen. Ihre Zahl wird vom Gemeinderate bestimmt; sie darf ein Drittel der Gemeinderatsmitglieder des Ortsfürsorgeausschusses nicht übersteigen. Die Vertreter und ebensoviele Stellvertreter werden vom Gemeinderat auf die Dauer seiner Wahlzeit berufen; sie müssen zu Gemeindeämtern wählbar sein; für sie gelten die Vorschriften der Gemeindeordnung über ehrenamtliche Gemeinderatsmitglieder entsprechend. Bei der Aufstellung von Richtlinien für die Durchführung der Fürsorge sind diese Mitglieder gutachtlich zu hören.

IV Der Gemeinderat kann die Beschlußfassung über Anträge Hilfsbedürftiger auf Fürsorgeleistungen einem Spruchausschuß übertragen. Dieser besteht aus dem Vorsitzenden des Gemeindefürsorgeausschusses und zwei oder vier Beisitzern, die je zur Hälfte den Mitgliedern nach

Abs. I und III zu entnehmen sind. Die Beisitzer und die erforderliche Zahl von Stellvertretern werden vom Ortsfürsorgeausschuß auf die Dauer seiner Wahlzeit berufen. Art. 15 Abs. II und III gelten entsprechend.

V Den Vorsitz im Ortsfürsorgeausschusse führt im rechtsrheinischen Bayern in den Städten und in Gemeinden mit mehr als 2000 Einwohnern sowie in den Gemeinden der Pfalz der erste Bürgermeister, in den anderen Gemeinden der Pfarrer, von mehreren Pfarrern der des überwiegenden Bekenntnisses, dessen Pfarrei die meisten Angehörigen dieses Bekenntnisses in der Gemeinde umfaßt. Die Vorschriften der Gemeindeordnung über die Rechtsstellung des ersten Bürgermeisters gelten für den Pfarrer als Vorsitzenden entsprechend. Soweit der Vorsitz einem Pfarrer zukommt, ist der erste Bürgermeister Stellvertreter des Vorsitzenden.

VI Art. 13 Abs. IX und Art. 16 gelten entsprechend.

d) Landesfürsorgeverbände der Kreise.

Art. 20. I Der Landesfürsorgeverband des Kreises wird von einem besonderen Ausschusse nach Art. 27 der Kreisordnung (Kreisfürsorgeausschuß) verwaltet. Als Vorsitzender und als Stellvertreter werden höhere Beamte der inneren Verwaltung vom Staatsministerium des Innern bestimmt. Der Vorsitzende ist stimmberechtigtes Mitglied des Kreisfürsorgeausschusses.

II Zur Beschlußfassung über grundsätzliche Fragen der den Kreisen als Landesfürsorgeverbänden obliegenden Aufgaben sind zum Kreisfürsorgeausschuß als weitere stimmberechtigte Mitglieder beizuziehen:

1. Vertreter der im Kreise tätigen Vereinigungen der freien Wohlfahrtspflege;
2. je ein Mitglied eines Wohlfahrtsausschusses und eines Bezirksfürsorgeausschusses (Art. 13 und 17) der zum Kreise gehörigen Bezirksfürsorgeverbände.

III Die Zahl der Mitglieder nach Abs. II Ziff. 1 beträgt ein Drittel der Kreistagsmitglieder des Kreisfürsorgeausschusses. Der Kreistag beruft diese Mitglieder und ebensoviele Stellvertreter auf die Dauer seiner Wahlzeit nach den Vorschlägen der Vereinigungen. Art. 13 Abs. VI gilt entsprechend. Die Mitglieder müssen zum Kreistage wählbar sein; für sie gelten die Bestimmungen der Kreisordnung über Kreistagsmitglieder entsprechend.

IV Die Mitglieder nach Abs. II Ziff. 2 und ebensoviele Stellvertreter werden vom Kreistag auf die Dauer seiner Wahlzeit berufen.

V Art. 16 gilt entsprechend.

e) Gemeinsame Bestimmungen.

Art. 21. Die Fürsorgeausschüsse (Art. 13, 17, 19 und 20) können weitere Personen als beratende Mitglieder beiziehen.

Art. 22. I Die Fürsorgeausschüsse vertreten vorbehaltlich der Zuständigkeit des Spruchausschusses in den Angelegenheiten der öffentlichen Fürsorge die Gemeinde, den Bezirk, den Kreis als Bezirks- und Landesfürsorgeverband. Für die Führung der Geschäfte der Bezirksfürsorgeverbände sowie für die Vertretung ihrer Ausschüsse nach außen gelten die Bestimmungen der Gemeindeordnung und Bezirksordnung entsprechend. Soweit gemäß Art. 19 Abs. V der Vorsitz im Ortsfürsorgeausschuß einem Pfarrer zukommt, tritt dieser an die Stelle des ersten Bürgermeisters. Die Vorsitzenden der Kreisfürsorgeausschüsse führen die Geschäfte der Landesfürsorgeverbände der Kreise und vertreten die Kreisfürsorgeausschüsse nach außen.

II Die Fürsorgeausschüsse und die Spruchausschüsse verwalten die öffentliche Fürsorge im Rahmen des vom Gemeinderate, Bezirkstage, Kreistage genehmigten Haushaltes. Vor der Feststellung des Voranschlages ist den Fürsorgeausschüssen Gelegenheit zur Stellungnahme zu geben.

Art. 23. I Für die Deckung des Fürsorgebedarfes sind von den Fürsorgeverbänden zunächst zu verwenden:

1. die Nutzungen des für Fürsorgezwecke ausgeschiedenen Vermögens der Gemeinden, Bezirke und Kreise;
2. die stiftungsgemäß für die öffentliche Fürsorge bestimmten Erträgnisse von Wohltätigkeitsstiftungen;
3. die der öffentlichen Fürsorge, insbesondere der allgemeinen Fürsorge (Armenfürsorge) gesetzlich zugewiesenen Einnahmen;
4. die besonderen für die öffentliche Fürsorge, insbesondere die allgemeine Fürsorge (Armenfürsorge) bestimmten Abgaben;
5. sonstige außerordentliche Einnahmen.

II Soweit die in Abs. I bezeichneten Einnahmen der Fürsorgeverbände nicht ausreichen, ist der Mehrbedarf nach den für den Gemeinde-, Bezirks- und Kreisbedarf geltenden Grundsätzen aufzubringen.

Art. 24. Zur Erledigung der Aufgaben der Bezirke als Bezirksfürsorgeverbände und der Kreise als Landesfürsorgeverbände werden Beamte und Räume des Bezirksamtes sowie der Kreisregierung zur Verfügung gestellt, soweit und solange die Geschäftsverhältnisse dies gestatten.

f) Kriegsbeschädigten- und Kriegshinterbliebenenfürsorge.

Art. 25. I Die Hauptfürsorgestelle für Kriegsbeschädigte und Kriegshinterbliebene vertritt den Staat als Landesfürsorgeverband. Die Kreisfürsorgestellen für Kriegsbeschädigte und Kriegshinterbliebene bei den Kreisregierungen sind Zweigstellen der Hauptfürsorgestelle.

II Den Beiräten und Schwerbeschädigtenausschüssen bei der Hauptfürsorgestelle und den Kreisfürsorgestellen obliegen die reichsrechtlich zugewiesenen Aufgaben; die Beiräte sind insbesondere in grundsätzsätzlichen Fragen und bei der Aufstellung von Richtlinien der Kriegsbeschädigten- und Kriegshinterbliebenenfürsorge zu hören.

III Die näheren Bestimmungen über Einrichtung, Zuständigkeit und Geschäftsgang der Hauptfürsorgestelle und der Kreisfürsorgestellen sowie der Beiräte und Schwerbeschädigtenausschüsse werden vom Staatsministerium des Innern erlassen.

IV Die Aufgaben der amtlichen Fürsorgestellen im Sinne des § 9 der Reichsverordnung über die soziale Kriegsbeschädigten- und Kriegshinterbliebenenfürsorge vom 8. Februar 1919 (RGBl. Seite 187) werden von den Bezirksfürsorgeverbänden erledigt. Das Staatsministerium des Innern kann einzelne Geschäfte den Vorsitzenden der Wohlfahrtsausschüsse (Bezirksfürsorgeausschüsse) oder den Bezirksverwaltungsbehörden zur Erledigung übertragen und kann das Aufsichtsrecht der Hauptfürsorgestelle regeln.

g) Beteiligung der freien Wohlfahrtspflege.

Art. 26. I Die nach § 5 Abs. 1 und 4 RFV. dem Lande zustehenden Befugnisse werden vom Staatsministerium des Innern ausgeübt.

II Überträgt der Fürsorgeverband nach § 5 Abs. 2 RFV. einzelne seiner Aufgaben an Verbände oder Einrichtungen der freien Wohlfahrtspflege, so ist die Zustimmung der Staatsaufsichtsbehörde erforderlich; diese kann die Zustimmung gemäß § 5 Abs. 2 Satz 2 Halbsatz 2 RFV. zurücknehmen.

IV. Umfang der Fürsorge.

Art. 27. Das Staatsministerium des Innern trifft im Rahmen der reichsrechtlichen Vorschriften die Bestimmungen über Voraussetzung, Art und Maß der zu gewährenden Fürsorge.

V. Kostenersatz.

Art. 28. Das Staatsministerium des Innern kann Tarife für den Kostenersatz zwischen bayerischen Fürsorgeverbänden aufstellen.

VI. Staatsaufsicht und Streitverfahren.

Art. 29. I Die Aufgaben der Bezirksfürsorgeverbände und der Landesfürsorgeverbände der Kreise sind Angelegenheiten der Selbstverwaltung der Gemeinden, Bezirke und Kreise.

II Die Vorschriften der Gemeindeordnung, Bezirksordnung und Kreisordnung für die Staatsaufsicht über die Gemeinden, Bezirke und Kreise gelten für die Bezirksfürsorgeverbände und die Landesfürsorgeverbände der Kreise entsprechend. Die Staatsaufsicht über die Landesfürsorgeverbände der Kreise wird unter der Leitung des Staatsministeriums des Innern von den Kreisregierungen geführt.

Art. 30. Gegen die Ablehnung der Fürsorge sowie gegen die Festsetzung ihrer Art und Höhe durch den Fürsorgeverband ist binnen vierzehn Tagen, von der Zustellung des Bescheides an gerechnet, Beschwerde zur Staatsaufsichtsbehörde zulässig. Diese entscheidet endgültig. In Angelegenheiten der Fürsorge für Kriegsbeschädigte und Kriegshinterbliebene ist die Kreisfürsorgestelle vor der Entscheidung zu hören.

Art. 31. Bei Streit zwischen Fürsorgeverbänden über die Durchführung der öffentlichen Fürsorge entscheidet die dem beklagten Fürsorgeverbande zunächst vorgesetzte Staatsaufsichtsbehörde. Gegen deren Bescheid steht den beteiligten Fürsorgeverbänden die Beschwerde zum Verwaltungsgerichtshofe nach den hierfür geltenden Vorschriften zu, soweit nicht nach Reichsrecht das Bundesamt für das Heimatwesen zuständig ist. Für das Verfahren gilt Art. 45 des Gesetzes über die Errichtung eines Verwaltungsgerichtshofes und das Verfahren in Verwaltungsrechtssachen.

Art. 32. Die Anordnung nach § 56 Abs. 1 und die Entscheidungen nach § 58 Abs. 2 des Reichsgesetzes über den Unterstützungswohnsitz werden von der Staatsaufsichtsbehörde getroffen, die dem Bezirksfürsorgeverbande des Aufenthaltsortes zunächst vorgesetzt ist. Für die Berufung nach § 56 Abs. 2 und 3 des Reichsgesetzes über den Unterstützungswohnsitz gilt Art. 31 Satz 2 und 3.

Art. 33. I Art. 31 gilt auch bei Streit über
1. die Ersatzpflicht nach Art. 47;
2. die Ersatzansprüche von Personen, die ohne Rechtspflicht und ohne Auftrag eines Fürsorgeverbandes Hilfe geleistet haben (Art. 48);
3. die Ersatzpflicht des Staates nach Art. 5 Abs. VI.

II In den Fällen des Abs. I Ziff. 1 und 3 ist im ersten Rechtszuge die Staatsaufsichtsbehörde zuständig, die dem klagenden Fürsorgeverbande zunächst vorgesetzt ist.

VII. Besondere Aufgaben der Wohlfahrtspflege.

a) Wandererfürsorge.

Art. 34. I Die kreisunmittelbaren Gemeinden und Bezirke haben, soweit erforderlich, Einrichtungen zu treffen, um bedürftigen arbeitsuchenden Wanderern gegen Arbeitsleistung vorübergehend Obdach und Beköstigung zu gewähren.

II Kreisunmittelbare Gemeinden und Bezirke können sich zur gemeinsamen Erfüllung der Aufgabe nach Abs. I zu Zweckverbänden zusammenschließen (Art. 133 bis 138 der Gemeindeordnung und Art. 45 Ziff. 2 der Bezirksordnung). Die Bildung solcher Zweckverbände kann angeordnet werden; hierfür gilt Art. 3 Abs. II entsprechend.

III Zu dem durch Umlagen zu deckenden Aufwand einer bezirksangehörigen kreisunmittelbaren Gemeinde sind die Umlagenpflichtigen dieser Gemeinde, zu dem des Bezirkes die Umlagenpflichtigen der übrigen Gemeinden heranzuziehen. An der Verwaltung der Einrichtungen des Bezirkes nehmen Mitglieder des Bezirkstages, die in der kreisunmittelbaren Gemeinde ihren Wohnsitz haben, nicht teil; die übrigen Mitglieder des Bezirkstages und Bezirksausschusses bilden für diese Angelegenheiten den Bezirkstag und Bezirksausschuß.

Art. 35. Das Staatsministerium des Innern kann zur Durchführung der Wandererfürsorge über die Regelung des Wandererwesens, insbesondere über die Einrichtung und den Betrieb der Wandererarbeitsstätten, die Voraussetzungen der Wandererfürsorge, die Führung von Wanderausweisen und die Einhaltung von Wanderstraßen Bestimmung treffen.

Art. 36. Die Kreise ersetzen den kreisunmittelbaren Gemeinden und den Bezirken sowie den Zweckverbänden nach Art. 34 Abs. II zwei Drittel ihres aus eigenen Einnahmen der Einrichtungen nicht gedeckten Betriebsaufwandes. Der Staat ersetzt den Kreisen die Hälfte ihres Aufwandes.

b) Fürsorge für Geschlechtskranke.

Art. 37. Die Behandlung geschlechtskranker Minderbemittelter, die keinen Anspruch auf anderweitige ärztliche Behandlung haben oder denen die Behandlung auf Grund einer Versicherung wirtschaftliche Nachteile bringen könnte (§ 2 Abs. 2 des Reichsgesetzes zur Bekämpfung der Geschlechtskrankheiten vom 18. Februar 1927, RGBl. I S. 61), wird durch Fürsorgestellen sichergestellt, die von Arbeitsgemeinschaften errichtet werden. Kreisunmittelbare Gemeinden und Bezirke können durch die Staatsaufsichtsbehörde zum Beitritte zu Arbeitsgemeinschaften und zur anteilsmäßigen Beteiligung an den Kosten angehalten werden. Das Staatsministerium des Innern kann nähere Bestimmungen hierüber allgemein oder für einzelne Arbeitsgemeinschaften erlassen. Art. 34 Abs. III gilt entsprechend.

VIII. Arbeitspflicht.

Art. 38. I Die Unterbringung nach § 20 RFV. ist auch gegenüber arbeitsfähigen Personen zulässig, die infolge ihres sittlichen Verschuldens sich selbst oder einen Unterhaltsberechtigten der naheliegenden Gefahr aussetzen der öffentlichen Fürsorge anheimzufallen, wenn sie Arbeit beharrlich ablehnen oder sich der Unterhaltspflicht beharrlich entziehen. Die Unterbringung nach § 20 RFV. ist nur zulässig gegenüber Personen im Alter von mindestens achtzehn Jahren.

II Die Unterbringung ist nur in den vom Staatsministerium des Innern anerkannten Anstalten zulässig. Statt der Unterbringung in einer Arbeitsanstalt ist auch die Beschäftigung in einer Arbeitseinrichtung oder die Unterbringung in einer Erziehungs- oder Heilanstalt, insbesondere einer Trinkerheilanstalt zulässig, in der die Beschäftigung mit angemessener Arbeit möglich ist; Satz 1 gilt entsprechend. Die untergebrachte Person ist verpflichtet für Rechnung des Fürsorgeverbandes die ihr angewiesene Arbeit nach dem Maß ihrer Kräfte zu verrichten.

III Über den Antrag auf Unterbringung beschließt die Bezirksverwaltungsbehörde des Ortes, in dem die unterzubringende Person zur Zeit der Antragstellung wohnt oder sich in Ermangelung einer Wohnung befindet. Beteiligt am Verfahren ist der endgültig verpflichtete Fürsorgeverband auch dann, wenn er nicht selbst den Antrag gestellt hat. Die unterzubringende Person muß gehört werden; ihre Vorführung kann angeordnet werden. Im Beschluß ist die Dauer der Unterbringung festzusetzen; sie darf bei erstmaliger Unterbringung ein Jahr, bei wiederholter Unterbringung drei Jahre nicht überschreiten.

IV Bestreitet die unterzubringende Person die Unterhaltspflicht, deren Vernachlässigung ihr zur Last gelegt wird, so kann das Verfahren ausgesetzt werden, bis über die Unterhaltspflicht im ordentlichen Rechtswege rechtskräftig entschieden ist.

V Gegen den Beschluß der Bezirksverwaltungsbehörde steht den Beteiligten binnen vierzehn Tagen, gerechnet von der Zustellung des Bescheides an, die Beschwerde zur Kreisregierung zu; diese entscheidet im verwaltungsgerichtlichen Verfahren endgültig. Die Beschwerde bewirkt keinen Aufschub. Die Bezirksverwaltungsbehörde und die Kreisregierung können die Vollstreckung auf Antrag oder von sich aus bis zur endgültigen Entscheidung aussetzen; vor der Aussetzung ist der Antragsteller zu hören.

Art. 39. Im Falle der Unterbringung wegen Vernachlässigung der Unterhaltspflicht sind die Verwaltungsbehörden an rechtskräftige gerichtliche Entscheidungen oder einstweilige Verfügungen über die Unterhaltspflicht gebunden, auch wenn diese erst nach der Einleitung oder nach dem Abschlusse des Verfahrens ergehen.

Art. 40. I Die Vollstreckung des Beschlusses steht der Bezirksverwaltungsbehörde zu, die über die Unterbringung im ersten Rechtszuge beschlossen hat (Vollstreckungsbehörde).

II Ist die Unterbringung wegen Vernachlässigung der Unterhaltspflicht angeordnet und bestreitet die in Anspruch genommene Person die Unterhaltspflicht im ordentlichen Rechtswege, so ist in der Regel die Vollstreckung des Unterbringungsbeschlusses auszusetzen und eine bereits vollzogene Unterbringung zu unterbrechen, bis die Unterhaltspflicht rechtskräftig festgestellt ist.

Art. 41. Die Entlassung aus der Anstalt oder Arbeitseinrichtung ist von der Vollstreckungsbehörde vorzeitig zu verfügen, wenn die Voraussetzungen der Unterbringung oder Beschäftigung weggefallen sind oder ihr Zweck erreicht ist.

Art. 42. I Die Vollstreckungsbehörde kann die untergebrachte Person widerruflich vorläufig entlassen; sie soll sie vorläufig entlassen, wenn sie sich wenigstens drei Monate lang einwandfrei geführt hat und wenn angenommen werden kann, daß für sie eine zureichende Fortkommensmöglichkeit besteht.

II Der Widerruf ist zulässig, wenn die Voraussetzungen der Unterbringung erneut gegeben sind. Ist nach der vorläufigen Entlassung ein Jahr verstrichen, so ist der Widerruf ausgeschlossen.

Art. 43. Für die Entlassung und den Widerruf der Entlassung (Art. 41 und 42) gelten die Bestimmungen über das Verfahren zur Anordnung der Unterbringung entsprechend.

Art. 44. I Die Kosten der Unterbringung sind zunächst aus dem Arbeitsverdienste zu decken. Aus dem Überschuß ist die vom Fürsorgeverband an unterhaltsberechtigte Angehörige der untergebrachten Person für die Zeit der Unterbringung gewährte Unterstützung zu erstatten. Den Rest erhält die untergebrachte Person bei der Entlassung.

II Soweit die Kosten der Unterbringung aus dem Arbeitsverdienst oder sonstigem Einkommen oder aus Vermögen der untergebrachten Person nicht gedeckt werden können, trägt sie der für die untergebrachte Person endgültig verpflichtete Fürsorgeverband.

Art. 45. Für Anstalten im Sinne des Art. 38 Abs. II sind Hausordnungen, für die Arbeitseinrichtungen Arbeitsordnungen aufzustellen. Sie müssen Bestimmungen über Aufnahme und Behandlung, Arbeit und Arbeitsverdienst, Hausstrafen sowie über die Berechnung der Unterbringungskosten treffen und bedürfen der Genehmigung des Staatsministeriums des Innern.

IX. Unterhalts- und Ersatzpflicht.

Art. 46. Die Beschlußfassung nach § 23 RFV. obliegt der Bezirksverwaltungsbehörde des Ortes, an dem der Unterhalts- oder Ersatzpflichtige wohnt oder in Ermangelung einer Wohnung sich befindet. Der Unterhalts- oder Ersatzpflichtige ist, soweit möglich, vor der Beschlußfassung zu hören. Die Bezirksverwaltungsbehörde beschließt endgültig vorbehaltlich des ordentlichen Rechtsweges.

Art. 47. I Personen, die trotz genügender eigener Mittel von einem Fürsorgeverband unterstützt worden sind oder binnen zehn Jahren nach Empfang einer Fürsorgeleistung ein Einkommen oder Vermögen erlangt haben, das ihnen, unbeschadet der Sicherstellung ihres eigenen Lebensunterhaltes und des Lebensunterhaltes der ihnen gegenüber unterhaltsberechtigten Personen, die Erstattung ermöglicht, sind vorbehaltlich anderer reichsrechtlicher Bestimmungen zum Ersatze verpflichtet.

II Der Fürsorgeverband kann für Fürsorgeleistungen, die in den letzten zehn Jahren vor dem Tode des Unterstützten gewährt worden sind, auch Ersatz aus dem Nachlasse verlangen, es sei denn, daß dies eine unbillige Härte gegenüber Erben, Pflichtteilsberechtigten, Vermächtnisnehmern oder Auflagenberechtigten bedeuten würde. Der Ersatzanspruch kann nicht zum Nachteil anderer Nachlaßgläubiger geltend gemacht werden; Verbindlichkeiten aus Pflichtteilsrechten, Vermächtnissen und Auflagen bleiben außer Betracht. Trifft der Ersatzanspruch des Fürsorgeverbandes mit dem Ersatzanspruch einer öffentlichen Wohltätigkeitsanstalt zusammen, die den Verstorbenen in den letzten zehn Jahren vor dem Tod unterstützt oder unentgeltlich verpflegt hat (Art. 101 des Ausführungsgesetzes zum Bürgerlichen Gesetzbuche), so kann er auch nicht zum Nachteile dieses Anspruches geltend gemacht werden.

X. Gemeinsame Bestimmungen.

Art. 48. I Wer ohne Rechtspflicht und ohne Auftrag eines Fürsorgeverbandes einem Hilfsbedürftigen Hilfe leistet, hat gegen den vorläufig verpflichteten Bezirksfürsorgeverband Anspruch auf Ersatz des gebotenen Aufwandes, wenn der Bezirksfürsorgeverband der Gemeinde, in dessen Bezirke sich der Hilfsbedürftige bei Eintritt der Hilfsbedürftigkeit befindet, von der Hilfeleistung binnen drei Tagen nach ihrem Beginne Kenntnis erhalten hat und wenn die Hilfe so dringend gewesen ist, daß die vorherige Anzeige beim Bezirksfürsorgeverband nicht möglich war. Geht die Anzeige diesem nicht innerhalb der Frist zu, so ist nur die Hilfe ersatzfähig, die nach Eingang der Anzeige geleistet worden ist.

II Für Ärzte, Apotheker und Krankenanstalten gilt Abs. I nicht, soweit die Fürsorgeverbände mit ihnen andere Vereinbarungen getroffen haben. Hat der Arzt oder die Krankenanstalt die Anzeige erstattet, so erstreckt sich die Ersatzpflicht des Fürsorgeverbandes auch auf Heilmittel, die der Apotheker auf ärztliche Verordnung abgegeben hat, sowie auf Dienste, die niederärztliche Berufspersonen auf ärztliche Anordnung geleistet haben. Für Dienstleistungen, zu denen die Hebammen nach ihrer Dienstanweisung verpflichtet sind, beträgt die Anzeigefrist sechs Wochen.

III Das Staatsministerium des Innern kann weitere Ausnahmen von Abs. I zulassen.

Art. 49. Die Fürsorgeverbände genießen, soweit sie im Vollzuge der Reichsverordnung über die Fürsorgepflicht und dieses Gesetzes tätig werden, vor den Gerichten und Verwaltungsbehörden Gebühren- und Stempelfreiheit.

Art. 50. Die Fürsorgeverbände können die Entmündigung wegen Verschwendung oder wegen Trunksucht beantragen, wenn zu befürchten ist, daß die zu entmündigende Person oder ihre Familie der öffentlichen Fürsorge zur Last fallen.

Art. 51. Beauftragten der Fürsorgeverbände und der Staatsaufsichtsbehörden darf der Eintritt in die Wohnung der zu unterstützenden oder unterstützten Hilfsbedürftigen nicht verweigert werden.

Art. 52. Kreisregierung im Sinne dieses Gesetzes ist die Regierung, Kammer des Innern.

XI. Übergangs- und Schlußbestimmungen.

Abänderung von Gesetzen.

Art. 53. I Das Gesetz ist dringend; es tritt am 1. April 1930 in Kraft.

II Gleichzeitig treten das Armengesetz vom 21. August 1914 (GVBl. Seite 551), die vorläufige Ausführungsverordnung vom 27. März 1924 (GVBl. Seite 126) zur Reichsverordnung über die Fürsorgepflicht und die Verordnung vom 12. Januar 1925 (GVBl. Seite 39) über die Verwaltung der Fürsorgeverbände nach der Reichsverordnung über die Fürsorgepflicht außer Kraft.

III Die nachfolgenden Bestimmungen bleiben weiterhin in Gültigkeit:

1. folgende durch Art. 95 des Armengesetzes in das Ausführungsgesetz zum Bürgerlichen Gesetzbuche vom 9. Juni 1899 unter der Überschrift „Eheschließung von Ausländern" als Art. 91 a eingestellte Vorschrift:

„Nichtdeutsche beiderlei Geschlechts, die in Bayern eine Ehe schließen wollen, haben dem Standesbeamten, der das Aufgebot anordnet, ein Zeugnis der zuständigen Behörde ihres Heimatstaates darüber vorzulegen, daß dieser kein Ehehindernis bekannt ist.

Männliche Nichtdeutsche haben außerdem ein Zeugnis der zuständigen Behörde ihres Heimatstaates darüber vorzulegen, daß sie ihre Staatsangehörigkeit durch die Eheschließung nicht verlieren und daß sie die Staatsangehörigkeit auf die Ehefrau sowie auf die ehelichen und die durch die Ehe legitimierten Kinder übertragen.

Die Staatsregierung kann Vorschriften darüber erlassen, wie die Zuständigkeit der Behörde nachzuweisen ist, die das Zeugnis nach Abs. I, II ausgestellt hat.

Von Abs. I und II kann im einzelnen Falle oder für Angehörige bestimmter ausländischer Staaten allgemein Befreiung gewährt werden. Zuständig ist zur Befreiung von Abs. I das Staatsministerium der Justiz, von Abs. II das Staatsministerium des Innern."

2. folgende durch Art. 100 des Armengesetzes in das Beamtengesetz vom 16. August 1908 nach Art. 206 eingestellte Vorschrift:

„Abschnitt XI a.

Fürsorge für vormalige unwiderrufliche Beamte, ihre Familien und Hinterbliebenen.

Art. 206 a.

Bei nachgewiesener Bedürftigkeit können vormaligen unwiderruflichen Beamten mit Einschluß der Beamten der Militärverwaltung, die den Anspruch auf Ruhegehalt durch freiwilliges Ausscheiden aus dem Dienste oder infolge strafgerichtlichen Urteils verloren haben, sowie ihren Familien oder Hinterbliebenen durch Königliche Entschließung widerrufliche Unterhaltsbeiträge gewährt werden. Dabei gilt Art. 110 Abs. III entsprechend."

3. folgende durch Art. 102 des Armengesetzes geschaffene Vorschrift:

„Art. 206 a des Beamtengesetzes vom 19. August 1908 (Art. 100 dieses Gesetzes [1])) gilt entsprechend für vormalige nach der Verfassungsurkunde Beil. IX definitiv angestellte Beamte, für die vor dem Inkrafttreten des Beamtengesetzes ausgeschiedenen oberen Beamten der Militärverwaltung, für Offiziere, Sanitätsoffiziere, Veterinäroffiziere und Notare. Für Offiziere und Sanitätsoffiziere gilt Art. 206 a des Beamtengesetzes entsprechend auch im Falle des Ausscheidens ohne Pension auf Grund ehrengerichtlichen Spruches, für Notare auch im Falle der Dienstentlassung zufolge dienststrafrechtlichen Urteils."

4. Das Aufenthaltsgesetz vom 21. August 1914 (GVBl. 1915 Seite 590).

Art. 54. Ist in den Fällen des Art. 5 die endgültige Verpflichtung eines Landesfürsorgeverbandes zur Fürsorge vor dem Inkrafttreten dieses Gesetzes durch Anerkennung, rechtskräftige Entscheidung oder Bestimmung des Staatsministeriums des Innern festgestellt, so bleibt er bis zur Beendigung der Hilfsbedürftigkeit endgültig verpflichtet.

Art. 55. I Soweit Streitigkeiten zwischen bayerischen Fürsorgeverbänden über die öffentliche Unterstützung Hilfsbedürftiger durch die Staatsaufsichtsbehörde vor dem Inkrafttreten dieses Gesetzes entschieden sind, erledigt diese Entscheidung endgültig das Verfahren. Ist jedoch innerhalb einer Frist von vier Wochen, von der Zustellung der Entscheidung an gerechnet, Beschwerde erhoben worden, über die beim Inkrafttreten dieses Gesetzes noch nicht entschieden ist, so ist über sie vom Verwaltungsgerichtshofe nach Maßgabe des gegenwärtigen Gesetzes zu entscheiden.

II Abs. I gilt für Streitigkeiten nach Art. 75 des Armengesetzes und Art. 8 Abs. II der vorläufigen Ausführungsverordnung vom 27. März 1924 zur Reichsverordnung über die Fürsorgepflicht entsprechend.

Art. 56. Das Gesetz über die Errichtung eines Verwaltungsgerichtshofes und das Verfahren in Verwaltungsrechtssachen vom 8. August 1878 (GVBl. Seite 369) wird dahin geändert:

I Art. 8 Ziff. 33 erhält folgende Fassung:

Wahlrecht und Wählbarkeit zu Gemeindeämtern und Wahlrecht zum Bezirkstag und Kreistag, vorbehaltlich der Bestimmungen der Gemeindeordnung, Bezirksordnung und Kreisordnung.

II Art. 9 a Abs. II Ziff. 1 in der Fassung des Art. III des Gesetzes vom 7. März 1924 (GVBl. Seite 65) erhält folgende Fassung:

Unterbringung oder Beschäftigung in einer Anstalt oder Arbeitseinrichtung und Entlassung hieraus (§ 20 der Reichs-

---

[1]) nämlich des Armengesetzes vom 21. August 1914.

verordnung über die Fürsorgepflicht vom 13. Februar 1924, RGBl. I Seite 100, sowie Art. 38 und Art. 43 des Ausführungsgesetzes hierzu vom [1])

III Der Eingang des Art. 10 erhält folgende Fassung:

Der Verwaltungsgerichtshof ist, abgesehen von Art. 8, zur Bescheidung von Beschwerden gegen Beschlüsse oder Verfügungen der Regierungen, Kammern des Innern, oder der Landesfinanzämter, in den Fällen der Ziff. 5 und 6 der Bezirksverwaltungsbehörden, soweit diese zur Entscheidung berufen sind, in folgenden Angelegenheiten zuständig:

IV Art. 10 Ziff. 2 wird aufgehoben.

V Art. 10 Ziff. 5 erhält folgende Fassung:

Pflicht zur öffentlichen Unterstützung Hilfsbedürftiger, wenn die streitenden Fürsorgeverbände dem bayerischen Staat angehören; Ersatzansprüche von Personen, die ohne Rechtspflicht und ohne Auftrag eines Fürsorgeverbandes Hilfe geleistet haben; Ersatzpflicht des Staates.

VI Art. 10 Ziff. 6 erhält folgende Fassung:

Ersatzpflicht der Empfänger öffentlicher Fürsorgeleistungen und ihrer Erben.

VII In Art. 11 Abs. I werden die durch Art. 94 Ziff. VI des Armengesetzes vom 21. August 1914 eingefügten Worte „Gesamtarmenverbänden" und „Verbands-," gestrichen.

Art. 57. Das Staatsministerium des Innern erläßt die erforderlichen Vollzugsvorschriften.

2.

Bisheriges bayer. vorläufiges Ausführungsrecht.

a) Vorläufige Ausführungsverordnung zur Reichsverordnung über die Fürsorgepflicht.

Vom 27. März 1924
(GVBl. 1924 S. 126).

Gesamtministerium des Freistaates Bayern.

Zur Ausführung der Reichsverordnung über die Fürsorgepflicht vom 13. Februar 1924 — RFV. — (RGBl. Seite 100) wird auf Grund des § 31 dieser Verordnung mit Wirkung vom 1. April 1924 an bis zur gesetzlichen Regelung vorläufig folgendes verordnet:

I. Fürsorgeverbände.

Art. 1. Die Aufgaben der öffentlich-rechtlichen Fürsorge nach der RFV. werden durch den Landesfürsorgeverband, Bezirksfürsorgeverbände und Ortsfürsorgeverbände erfüllt.

---

[1]) In der Fassung des Beschlusses der Vollversammlung des Landtages in der Sitzung vom 28. Februar 1930.

Art. 2. Landesfürsorgeverband im Sinne der RFV. ist für die ihm zugewiesenen Aufgaben der Kreis, im übrigen der Staat.

Art. 3. I. Bezirksfürsorgeverbände im Sinne der RFV. sind die Bezirke und die kreisunmittelbaren Städte.

II. An Stelle der Bezirke sind für die Armenfürsorge einschl. der Fürsorge für hilfsbedürftige Minderjährige die nicht kreisunmittelbaren Gemeinden Bezirksfürsorgeverbände (Ortsfürsorgeverbände).

Art. 4. I. Die Bildung eines Gesamtfürsorgeverbandes durch Zusammenschluß mehrerer Bezirksfürsorgeverbände (Art. 3 Abs. I) oder Ortsfürsorgeverbände (Art. 3 Abs. II) bedarf der Genehmigung der Staatsaufsichtsbehörde. Gleiches gilt für die Teilung eines Bezirksfürsorgeverbandes oder Ortsfürsorgeverbandes.

II. Bei dringendem öffentlichem Bedürfnis, insbes. zur Sicherung der Leistungsfähigkeit, kann die Regierung, Kammer des Innern, Bezirksfürsorgeverbände und Ortsfürsorgeverbände auch ohne deren Zustimmung zu einem Gesamtfürsorgeverband vereinigen oder andere Änderungen hinsichtlich der Bezirke der Fürsorgeverbände treffen.

II. Aufgaben der Fürsorgeverbände.

Art. 5. I. Aufgaben der Bezirksfürsorgeverbände (Art. 3 Abs. I) sind alle in der RFV. den Bezirksfürsorgeverbänden zugewiesenen Aufgaben der Fürsorge, insbesondere die Fürsorge in Einzelfällen, soweit sie nicht in dieser Verordnung anderen Verbänden zugewiesen sind.

II. Die nach Art. 3 Abs. II den Ortsfürsorgeverbänden obliegende Armenfürsorge bemißt sich nach den für die Ortsarmenverbände geltenden Bestimmungen des Armengesetzes vom 21. August 1914.

Art. 6. I. Aufgaben der Kreise sind:

a) die Fürsorge für hilfsbedürftige Geisteskranke, Geistesschwache, Blöde, Epileptische, Blinde, Taubstumme, Krüppelhafte und unheilbare abschreckend oder ansteckend kranke Sieche, soweit sie der Anstaltspflege bedürfen,

b) die Fürsorge für die Erziehung und Ausbildung hilfsbedürftiger, blöder, blinder, taubstummer und krüppelhafter Kinder, soweit sie bildungsfähig sind, und der Unterbringung in Anstalten bedürfen,

c) die Übernahme und Kostenerstattung in den Fällen, in denen der Landesfürsorgeverband nach der RFV. als endgültig pflichtiger Fürsorgeverband einzutreten hat,

d) die dem Lande nach § 12 Abs. II mit IV und § 13 RFV. obliegende Fürsorge,

e) die Gewährung von Zuschüssen an Bezirks- und Ortsfürsorgeverbände, soweit sie mit Fürsorgelasten unverhältnismäßig belastet sind.

II. Die Kreise können mit Genehmigung der zuständigen Staatsministerien noch andere Aufgaben der Fürsorgeverbände übernehmen.

III. Der endgültig verpflichtete Bezirks- oder Ortsfürsorgeverband hat in den Fällen des Abs. I a und b ein Fünftel und in den Fällen des Abs. II mindestens ein Viertel des Fürsorgeaufwandes dem Kreise zu ersetzen.

IV. Der Staat ersetzt vier Fünftel des Fürsorgeaufwandes nach Abs. I d.

Art. 7. Aufgabe des Staates ist:

a) die Förderung allgemeiner Einrichtungen der Fürsorge,

b) die Beteiligung an der sozialen Kriegsbeschädigten- und Kriegshinterbliebenenfürsorge, insbesondere an der Erziehungs-, Berufs- und Gesundheitsfürsorge für Kriegerwaisen und Kinder Schwerkriegsbeschädigter [1]) an der Siechenfürsorge und der Fürsorge für sonstige Schwerstbeschädigte,

c) die Beteiligung an der Arbeitsfürsorge für Schwerbeschädigte und Schwererwerbsbeschränkte im Sinne des § 1 Abs. I d RFV.,

d) die Gewährung von Zuschüssen an Fürsorgeverbände, soweit sie mit Fürsorgelasten unverhältnismäßig belastet sind.

III. Behörden und Verfahren.

Art. 8. I. Die Durchführung der Fürsorgeaufgaben obliegt den nach den bisherigen Vorschriften zuständigen Stellen. Dies gilt auch für die Armenfürsorge.

II. Für das Verfahren sind die bisherigen Vorschriften vorbehaltlich des § 29 Satz 2 RFV. maßgebend.

IV. Umfang der Fürsorge.

Art. 9. I. Voraussetzung, Art und Maß der zu gewährenden Fürsorge richtet sich bis zum Erlaß neuer Vorschriften nach den bisherigen Vorschriften über die Fürsorge für Kriegsbeschädigte und Kriegshinterbliebene, Sozialrentner und Kleinrentner sowie über die Wochenfürsorge.

II. Für die Armenfürsorge einschl. der Fürsorge für hilfsbedürftige Minderjährige gelten entsprechend die Bestimmungen des Armengesetzes vom 21. August 1914.

b) Verordnung über die Verwaltung der Fürsorgeverbände nach der Reichsverordnung über die Fürsorgepflicht.

Vom 12. Jan. 1925

(GVBl. 1925 S. 39).

Gesamtministerium des Freistaates Bayern.

Zur Ausführung der Reichsverordnung über die Fürsorgepflicht vom 13. Februar 1924 — RFV. — (RGBl. I S. 100) wird auf Grund des § 31 dieser Verordnung folgendes verordnet:

[1]) Hier fehlt im GVBl. das erforderliche Komma.

Art. 1. (1) Die Geschäfte des Bezirksfürsorgeverbandes in den kreisunmittelbaren Städten verwaltet der städtische Wohlfahrtsausschuß (Wohlfahrtshauptausschuß). Die Zusammensetzung des Wohlfahrtsausschusses wird im Rahmen der folgenden Bestimmungen durch den Stadtrat geregelt.

(2) Der Wohlfahrtsausschuß besteht aus

a) einem Vorsitzenden oder dessen Stellvertreter,
b) einer Anzahl Stadtratsmitglieder,
c) dem Amtsarzt,
d) je einem Geistlichen der katholischen Kirche, der evangelisch-lutherischen Landeskirche r. d. Rh.[1]), der reformierten Kirche, in der Pfalz der protestantischen pfälzischen Landeskirche, insoweit im Stadtbezirk Kirchengemeinden des Bekenntnisses bestehen, ferner aus dem Rabbiner, wenn ein solcher in der Stadt seinen Sitz hat, andernfalls aus einem abgeordneten Mitglied der israelitischen Kultusverwaltung (in der Pfalz des Synagogen-Ausschusses), wenn eine solche in der Stadt besteht,
e) Vertretern der in der Stadt tätigen Verbände der freien Wohlfahrtspflege wenigstens in der Hälfte der Zahl der Mitglieder nach b),
f) Vertretern aus den Kreisen der Kriegsbeschädigten und Kriegshinterbliebenen, der Sozialrentner und Kleinrentner wenigstens in der Hälfte der Zahl der Mitglieder nach b, von denen wenigstens die Hälfte den Kriegsbeschädigten und Kriegshinterbliebenen zu entnehmen sind,
g) Vertretern der Vorsteher von Wohlfahrtsbezirken (Art. 2 Abs. I und II) oder sonstigen in der öffentlichen Wohlfahrtspflege tätigen Personen bis zu 1/3 der Zahl der Mitglieder nach b).

(3) Den Vorsitzenden und dessen Stellvertreter beruft der Stadtrat für die Dauer seiner Wahlzeit aus seiner Mitte; er bestimmt die Zahl der Mitglieder nach Abs. II b und g und beruft sie und ebenso viele Stellvertreter für die Dauer seiner Wahlzeit.

(4) Die Geistlichen und ihre Stellvertreter (Abs. II d 1. Teil) ordnet für die Dauer der Wahlzeit die kirchliche Oberbehörde ab. Haben mehrere Amtsärzte im Stadtbezirk ihren Sitz, so bestimmt die vorgesetzte Dienstbehörde, welcher von ihnen dem Wohlfahrtsausschusse angehört.

(5) Die Vertreter der Verbände der freien Wohlfahrtspflege und ebenso viele Stellvertreter werden vom Stadtrat für die Dauer seiner Wahlzeit nach den Vorschlägen der im Stadtbezirk wirkenden Vereinigungen für freie Wohlfahrtspflege berufen. Vorschlagsberechtigt sind Vereinigungen, die sich seit mindestens drei Jahren mit Wohlfahrtspflege im Stadtbezirk befassen und eine entsprechende Zahl von Mit-

---

1) Das Komma ist im GVBl. versehentlich hinter dem Wort „Landeskirche" statt hinter „r. d. Rh.".

gliedern ausweisen. Ihre Vorschläge sind nach Umfang und Bedeutung des Wirkens der Vereinigung zu berücksichtigen. Den Vereinigungen steht wegen Ausschlusses vom Vorschlag oder wegen Nichtberücksichtigung ihrer Vorschläge binnen zwei Wochen die Beschwerde zur Regierung, Kammer des Innern, offen. Diese entscheidet unbeschadet der Oberaufsichtsbeschwerde endgültig. Von den Voraussetzungen nach Satz 2 kann für die erstmalige Bildung der Ausschüsse die Regierung, Kammer des Innern, auf Antrag Befreiungen bewilligen. Liegen Vorschläge im Sinne vorstehender Bestimmungen nicht vor, so beruft der Stadtrat die Vertreter nach freiem Ermessen.

(6) Die Vertreter der Hilfsbedürftigen (Abs. II f) und ebensoviele Stellvertreter werden vom Stadtrat für die Dauer seiner Wahlzeit nach den Vorschlägen der Vereinigungen der Kriegsbeschädigten und Kriegshinterbliebenen, der Sozialrentner und Kleinrentner berufen. Abs. V Satz 2 mit 7 gilt entsprechend.

Art. 2. (1) Nach Bedarf können in kreisunmittelbaren Städten für die Durchführung der Einzelfürsorge Wohlfahrtsbezirke gebildet werden. Die Staatsaufsichtsbehörde kann die Bildung solcher anordnen.

(2) Mehrere Wohlfahrtsbezirke können zu Mittelbezirken zusammengeschlossen werden.

(3) Die Bildung von Bezirken nach Abs. I und II, ihre Verwaltung und die Geschäftsverteilung regelt der Stadtrat.

(4) Der Wohlfahrtsausschuß (Art. 1 Abs. I) kann in widerruflicher Weise zur Durchführung der Fürsorge ehrenamtliche Pfleger aufstellen. Das Nähere regelt der Stadtrat.

Art. 3. (1) Bei den Wohlfahrtsausschüssen nach Art. 1 Abs. I ist zur Verbescheidung von Anträgen auf Leistungen des Fürsorgeverbandes ein Spruchausschuß zu bilden. Der Spruchausschuß besteht aus einem Vorsitzenden und nach Bestimmung des Stadtrates aus drei oder sechs Beisitzern, die den Gruppen der Stadtratsmitglieder, der Vertreter der Verbände der freien Wohlfahrtspflege und der Vertreter der Hilfsbedürftigen (Art. 1 Abs. II f) in gleicher Zahl zu entnehmen sind. In Angelegenheiten der Kriegsbeschädigten- und Kriegshinterbliebenenfürsorge müssen die Vertreter der Hilfsbedürftigen Vertreter der Kriegsbeschädigten und Kriegshinterbliebenen sein. Die Mitglieder des Spruchausschusses und die erforderliche Zahl von Stellvertretern beruft der Wohlfahrtsausschuß für die Dauer seiner Wahlzeit aus seiner Mitte.

(2) Der Wohlfahrtsausschuß kann bestimmen, daß der Vorsitzende des Spruchausschusses oder ein Beamter der Stadt über Anträge allein entscheidet. Gegen dessen Entscheidung steht den Beteiligten binnen 14 Tagen, von der Zustellung des Bescheides an gerechnet, der Einspruch zum Spruchausschuß zu. Auf das Einspruchsrecht ist im Bescheid hinzuweisen. Der Vorsitzende oder Beamte kann vorweg die Entscheidung des Spruchausschusses herbeiführen.

(3) Für die Behandlung von sonstigen Einzelgebieten der öffentlichen Fürsorge können weitere Ausschüsse berufen werden. Das Nähere bestimmt der Wohlfahrtsausschuß.

Art. 4. (1) Die Geschäfte des Bezirkes als Bezirksfürsorgeverband verwaltet das Bezirksamt mit dem Bezirksfürsorgeausschuß.

(2) Der Bezirksfürsorgeausschuß besteht aus

a) dem Vorstande des Bezirksamts oder einem seiner Stellvertreter als Vorsitzenden,
b) dem Bezirksarzt,
c) Mitgliedern des Bezirkstages,
d) je einem Geistlichen der katholischen Kirche, der evangel.-lutherischen Landeskirche rechts des Rheins[1], der reformierten Kirche, in der Pfalz der protestantischen pfälzischen Landeskirche, insoweit im Bezirke Kirchengemeinden des Bekenntnisses bestehen,
e) Vertretern der im Bezirk tätigen Verbände der freien Wohlfahrtspflege wenigstens in der Hälfte der Zahl der Mitglieder nach c),
f) Vertretern aus den Kreisen der Kriegsbeschädigten und Kriegshinterbliebenen, der Sozialrentner und Kleinrentner wenigstens in der Hälfte der Zahl der Mitglieder nach c), von denen wenigstens die Hälfte den Kriegsbeschädigten und Kriegshinterbliebenen zu entnehmen sind.

(3) Der Bezirkstag bestimmt die Zahl der aus seiner Mitte abzuordnenden Mitglieder und beruft sie und ebenso viele Stellvertreter für die Dauer seiner Wahlzeit.

(4) Die Geistlichen und ihre Stellvertreter ordnet für die Dauer der Wahlzeit die kirchliche Oberbehörde ab. Die Zahl der Vertreter der Verbände der freien Wohlfahrtspflege und der Vertreter der Hilfsbedürftigen (Abs. II f) bestimmt der Bezirkstag; er beruft sie und ebenso viele Stellvertreter für die Dauer seiner Wahlzeit; Art. 1[2]) Abs. V Satz 2 mit 7 und VI gilt entsprechend.

Art. 5. (1) Beim Bezirksfürsorgeausschuß ist zur Verbescheidung von Anträgen auf Leistungen des Fürsorgeverbandes ein Spruchausschuß zu bilden. Der Spruchausschuß besteht aus dem Vorsitzenden des Bezirksfürsorgeausschusses oder dessen Stellvertreter, ferner nach Bestimmung des Bezirkstages aus drei oder sechs Beisitzern, die den Gruppen der Bezirkstagsmitglieder, der Vertreter der Verbände der freien Wohlfahrtspflege und der Vertreter der Hilfsbedürftigen (Art. 4 Abs. II f) in gleicher Zahl zu entnehmen sind. In Angelegenheiten der Kriegsbeschädigten- und Kriegshinterbliebenenfürsorge müssen die Vertreter der Hilfsbedürftigen Vertreter der Kriegsbeschädigten und Kriegshinterbliebenen sein. Die Beisitzer des Spruchausschusses und

---

1) Das Komma ist im GVBl. versehentlich hinter „Landeskirche" gestellt.
2) Im GVBl. ist versehentlich I gesetzt.

die erforderliche Zahl von Stellvertretern beruft der Bezirksfürsorgeausschuß für die Dauer seiner Wahlzeit aus seiner Mitte.

(2) Der Bezirksfürsorgeausschuß kann die Entscheidung über Anträge dem Vorsitzenden allein übertragen. Gegen dessen Entscheidung steht den Beteiligten binnen 14 Tagen, von der Zustellung an gerechnet, der Einspruch zum Spruchausschuß zu. Auf das Einspruchsrecht ist im Bescheid hinzuweisen. Der Vorsitzende kann vorweg die Entscheidung des Spruchausschusses herbeiführen.

(3) Für die Behandlung von sonstigen Einzelgebieten der öffentlichen Fürsorge können weitere Ausschüsse berufen werden. Das nähere bestimmt der Bezirksfürsorgeausschuß.

Art. 6. (1) Die Aufgaben der amtlichen Fürsorgestellen (§ 9 der RV. über die soziale Kriegsbeschädigten- und Kriegshinterbliebenenfürsorge vom 8. Februar 1919 in der Fassung des § 34 RFV.) werden, soweit es sich um Aufgaben nach der RFV. handelt, den Verwaltungsorganen der Bezirksfürsorgeverbände (Art. 1—5) übertragen. Ihre sonstigen Aufgaben gehen auf die Bezirksverwaltungsbehörden über.

(2) Die Spruchausschüsse (Art. 3 und 5) sind Beiräte im Sinne der RV. vom 8. Februar 1919.

Art. 7. (1) Die Geschäfte des Ortsfürsorgeverbandes verwaltet der Ortsfürsorgeausschuß.

(2) Er besteht aus

a) den Bürgermeistern der Gemeinde,
b) weiteren Mitgliedern des Stadt- oder Gemeinderates,
c) den Pfarrern der Pfarreien, zu deren Sprengeln der Ortsfürsorgeverband gehört,
d) dem Rabbiner, wenn ein solcher im Ortsfürsorgeverband seinen Sitz hat, andernfalls aus einem abgeordneten Mitglied der israelitischen Kultusverwaltung (in der Pfalz des Synagogenausschusses), wenn eine solche in der Gemeinde besteht,
e) dem Bezirksarzt, wenn er im Ortsfürsorgeverband seinen Sitz hat,
f) weiteren gewählten Mitgliedern.

(3) Der Stadtrat (Gemeinderat) bestimmt die Zahl der Mitglieder nach Abs. II b und ordnet sie und ebenso viele Stellvertreter für die Dauer seiner Wahlzeit ab. Er bestimmt die Zahl der Mitglieder nach Abs. II f und wählt sie und ebenso viele Stellvertreter für die Dauer seiner Wahlzeit. Hierbei ist darauf zu achten, daß auch Personen aus den Kreisen der freien Wohlfahrtspflege beigezogen werden.

(4) Die Stellvertreter im Pfarramt, ferner die mit vollen pfarrlichen Rechten ausgestatteten Seelsorgegeistlichen stehen den Pfarrern gleich. In Gemeinden, die ganz oder teilweise zu einem Seelsorgebezirk gehören, für den ein eigener Geistlicher bestellt ist, kann die Staatsaufsichtsbehörde diesen auf Antrag des Pfarrers an dessen

Stelle in widerruflicher Weise als selbständiges Mitglied des Ortsfürsorgeausschusses bestimmen. Er steht dann im Ortsfürsorgeausschuß dem Pfarrer gleich. Seine Geschäftsführung unterliegt jedoch der Aufsicht des Pfarrers. Sind in einer protestantischen Pfarrei mehrere Pfarrer angestellt, so ist der 1. (in der Pfalz der mit höherer Amtswürde, bei gleicher Amtswürde mit höherem Dienstalter) zum Mitglied des Ortsfürsorgeausschusses berufen. Eine andere Regelung durch die beteiligten Pfarrer ist zulässig.

(5) Den Vorsitz führt in den Gemeinden mit vormals städtischer Verfassung und in den Gemeinden mit pfälzischer Gemeindeverfassung der Bürgermeister, von mehreren der erste; in anderen Gemeinden der Pfarrer, von mehreren Pfarrern der Pfarrer des überwiegenden Bekenntnisses, dessen Pfarrei die meisten Angehörigen dieses Bekenntnisses im Ortsfürsorgeverband umfaßt. Eine andere Vereinbarung unter den Pfarrern bleibt vorbehalten. Den Stellvertreter des Vorsitzenden bestimmt der Ortsfürsorgeausschuß aus seiner Mitte.

Art. 8. (1) Die Geschäfte des Kreises als Landesfürsorgeverband verwaltet der Kreisfürsorgeausschuß.

(2) Er besteht aus

a) dem Vorsitzenden,
b) dem Leiter der Kreishauptfürsorgestelle der Kriegsbeschädigten und Kriegshinterbliebenen, falls er nicht Vorsitzender ist,
c) Mitgliedern des Kreistags,
d) Vertretern der im Regierungsbezirk tätigen Verbände der freien Wohlfahrtspflege wenigstens in der Hälfte der Zahl der Mitglieder nach c),
e) Vertretern aus den Kreisen der Kriegsbeschädigten und Kriegshinterbliebenen, der Sozialrentner und Kleinrentner wenigstens in der Hälfte der Zahl der Mitglieder nach c), von denen wenigstens die Hälfte den[1]) Kriegsbeschädigten und Kriegshinterbliebenen zu entnehmen sind,
f) je einem Vertreter eines Wohlfahrtsausschusses und eines Bezirksfürsorgeausschusses (Art. 1 und 5) der zum Kreise gehörigen Bezirksfürsorgeverbände.

(3) Der Vorsitzende und dessen Stellvertreter werden vom Ministerium des Innern und vom Ministerium für Soziale Fürsorge aus den höheren Beamten der inneren Verwaltung bestimmt.

(4) Der Kreisausschuß bestimmt die Zahl der Kreistagsmitglieder und beruft sie und die Vertreter nach Abs. II f sowie ebenso viele Stellvertreter für die Dauer seiner Wahlzeit. Er bestimmt auch die Zahl der Vertreter der Verbände der freien Wohlfahrtspflege sowie der Vertreter der Hilfsbedürftigen (Abs. II e) und beruft sie und ebenso viele Stellvertreter für die Dauer seiner Wahlzeit. Die Vertreter der

---

1) Im GVBl. heißt es versehentlich „der".

Kriegsbeschädigten und Kriegshinterbliebenen bringt der Beirat der Kreishauptfürsorgestelle für Kriegsbeschädigte und Kriegshinterbliebene in Vorschlag. Im übrigen gilt Art. 1[1]) Abs. V Satz 2 mit 7 und VI entsprechend.

(5) Der Kreisfürsorgeausschuß kann für die Behandlung von Einzelgebieten der öffentlichen Fürsorge Ausschüsse bilden. Er kann die Verbescheidung von Anträgen auf Leistungen des Fürsorgeverbandes einem Ausschuß oder dem Vorsitzenden allein übertragen.

Art. 9. Die Aufgaben des Staates als Landesfürsorgeverband werden vom Ministerium des Innern und vom Ministerium für Soziale Fürsorge nach Maßgabe ihrer Zuständigkeit verwaltet.

Art. 10. Die Landeshauptfürsorgestelle und die Kreishauptfürsorgestellen für Kriegsbeschädigte und Kriegshinterbliebene sowie ihre Beiräte und Schwerbeschädigten-Ausschüsse bleiben bis zu anderweitiger Regelung bestehen. Bis dahin bemißt sich ihre Zuständigkeit nach den bisherigen Vorschriften.

Art. 11. (1) In die Verwaltung der Fürsorgeverbände und zu Pflegern können nur Personen berufen werden, die zu Gemeindeämtern wählbar sind; sie scheiden aus, wenn sie die Wählbarkeit verlieren. Im Streitfall entscheidet die dem Fürsorgeverband vorgesetzte Staatsaufsichtsbehörde endgültig.

(2) Mitglieder der Verwaltungsorgane, die auf Grund eines staatlichen oder kirchlichen Amtes berufen sind, können die Mitgliedschaft nicht ablehnen. Im übrigen gelten für die Ablehnung, Niederlegung oder Entlassung die Vorschriften der Gemeindeordnungen. Die Dienstleistung in der Verwaltung der Fürsorgeverbände oder als Pfleger gilt als Amt nach Art. 174 Abs. I Ziff. 3 der rrh. GemO. Die Staatsaufsichtsbehörden entscheiden endgültig.

(3) Die Mitglieder der Verwaltungsorgane, die nicht auf Grund eines staatlichen oder kirchlichen Amtes berufen sind, und Pfleger werden zur gewissenhaften Erfüllung ihrer Obliegenheiten und insbesondere zur Wahrung der Amtsverschwiegenheit in Pflicht genommen. Für sie gelten die Art. 166, 167, 169 der rrh. GemO. und Art. 96—99 der pfälz. GemO. entsprechend. Entscheidungen treffen die Staatsaufsichtsbehörden.

(4) Die Mitglieder der Verwaltungsorgane und Pfleger versehen ihre Stelle ehrenamtlich und unentgeltlich. Bei Dienstleistungen außerhalb ihres Wohnortes erhalten sie Entschädigung für Reisekosten und Aufwand vom Fürsorgeverband nach dessen Regelung.

Art. 12. (1) Der Wohlfahrtsausschuß (Art. 1), der Bezirksfürsorgeausschuß, der Kreisfürsorgeausschuß vertreten in den Angelegenheiten der öffentlichen Fürsorge die Stadt, den Bezirk, den Kreis als Bezirks- und Landesfürsorgeverband. Sie verwalten die öffentlich-rechtliche

[1]) Im GVBl. heißt es versehentlich „I".

Fürsorge nach den für die Verwaltung der Gemeinden, der Bezirke und Kreise geltenden allgemeinen Bestimmungen und den besonderen reichs- und landesrechtlichen Vorschriften über die öffentliche Fürsorge im Rahmen des vom Stadtrat, vom Bezirkstag, vom Kreistag bewilligten Haushalts. Vor der Verbescheidung des Haushaltsplanes ist dem Fürsorgeausschuß Gelegenheit zur Stellungnahme zu geben.

(2) Der durch andere Einnahmen der Fürsorgeverbände nicht gedeckte Bedarf ist nach den für den Gemeinde-, Bezirks- und Kreisbedarf geltenden allgemeinen Grundsätzen aufzubringen.

Art. 13. (1) Der Ortsfürsorgeausschuß vertritt in den Angelegenheiten der Armenfürsorge die Gemeinde als Ortsfürsorgeverband. Er verwaltet die Armenfürsorge nach den für die Verwaltung der gemeindlichen Angelegenheiten geltenden allgemeinen Bestimmungen und den besonderen reichs- und landesrechtlichen Vorschriften über die öffentliche Fürsorge im Rahmen des vom Gemeinderat bewilligten Haushalts. Vor der Verbescheidung des Haushaltsplanes ist dem Ortsfürsorgeausschuß Gelegenheit zur Stellungnahme zu geben.

(2) Der durch andere Einnahmen nicht gedeckte Bedarf des Ortsfürsorgeverbandes ist nach den für den Gemeindebedarf geltenden allgemeinen Bestimmungen aufzubringen.

Art. 14. In den Bezirken der Pfalz, zu denen kreisunmittelbare Städte gehören, sind für die in gegenwärtiger Verordnung dem Bezirkstag übertragenen Aufgaben die Bezirkstagsmitglieder, welche in den kreisunmittelbaren Städten ihren Wohnsitz haben, nicht stimmberechtigt; sie können auch nicht in den Bezirksfürsorgeausschuß oder in Ausschüsse des Bezirkes gem. Art. 5 berufen werden.

Art. 15. Die Verordnung tritt sofort in Kraft.

Sachregister.

Die Zahlen bedeuten die Seiten; die Paragraphen und Artikel sind, soweit erforderlich, in Klammern beigefügt; die römischen Ziffern in den Klammern bedeuten die Absätze der Artikel.

A.

B.

G.

H.

T.

U.

W.

Z.

FSC
www.fsc.org
MIX
Papier | Fördert gute Waldnutzung
FSC® C083411

Kolibri 360 GmbH
Ferdinand-Jühlke-Straße 7
99095 Erfurt, Deutschland
produktsicherheit@kolibri360.de